2024年度版

金融業務 **3** 級

事業性評価
コース

試験問題集

一般社団法人 金融財政事情研究会

※特に断りのない限り、本試験問題集における企業は、中小零細企業とします。

◇ は じ め に ◇

　本書は「金融業務3級　事業性評価コース」(CBT方式、通年実施)の受験者の学習の利便を図るためにまとめた試験問題集です。

　金融機関には地方創生への貢献が求められ、金融仲介機能発揮のため「事業性評価」の更なる実践が喫緊の課題になっています。事業性評価とは、金融機関が「取引先企業を、財務データや担保・保証に必要以上に依存することなく、適切に評価すること」です。人口構造や産業構造の変化、新型コロナウイルス感染症を契機とした経済環境の変化があるなか、金融機関の持続可能性を確保するためにも、事業性評価に基づき企業や産業の成長を支援していくことは、不可欠となりました。

　事業性評価に基づく支援等のあり方は、取引先企業の強み・弱み、成長可能性・持続可能性、その業界の状況・競争環境等によって異なります。地域の経済と産業の、現状・中長期的な見通し・課題等を常に把握し、分析することも必要です。そのうえで、取引先企業に応じたソリューションを提案することになります。

　本書は、知識の増強に加え、実践的な提案能力の向上にも考慮した設問を数多く掲載し、総合的な実力の発展を目指しています。本書と併せ、基本教材である通信講座「取引先支援のための事業性評価実践コース」を受講されることもお勧めします。

　本書を有効に活用し、ぜひとも「金融業務3級　事業性評価コース」に合格され、「事業性評価エキスパート」として活躍されることを願っております。

2024年3月

一般社団法人　金融財政事情研究会

検定センター

◇◇目　次◇◇

第2章　取引先企業の実態把握（定性分析・定量分析）

第 3 章　競争力の各種評価手法

〈法令基準日〉

　問題文に特に指示のない限り、2024年4月1日現在施行の法令等に基づいて編集しています。

◇CBT とは◇

　CBT（Computer-Based Testing）とは、コンピュータを使用して実施する試験の総称で、パソコンに表示された試験問題にマウスやキーボードを使って解答します。金融業務能力検定は、一般社団法人金融財政事情研究会が、株式会社シー・ビー・ティ・ソリューションズの試験システムを利用して実施する試験です。CBT は、受験日時・テストセンター（受験会場）を受験者自らが指定できるとともに、試験終了後、その場で試験結果（合否）を知ることができるなどの特長があります。

本書に訂正等がある場合には、下記ウェブサイトに掲載いたします。
https://www.kinzai.jp/seigo/

「金融業務3級　事業性評価コース」試験概要

　金融庁が金融行政方針において掲げる「金融機関における取引先企業の事業評価およびそれに基づく解決策の提案・実行支援」に向けた実践的取組みに資することを目指すものです。

■受験日・受験予約　通年実施。受験者ご自身が予約した日時・テストセンター（https://cbt-s.com/examinee/testcenter/）で受験していただきます。

　受験予約は受験希望日の3日前まで可能ですが、テストセンターにより予約可能な状況は異なります。

■試験の対象者　金融機関の渉外・融資担当者

　※受験資格は特にありません

■試験の範囲
1. 事業性評価の意義、金融機関に求められる役割、業界動向
2. 取引先企業の実態把握（定性分析・定量分析）
3. 競争力の各種評価手法
4. 取引先企業のライフステージに応じた各種支援策

■試験時間　100分　試験開始前に操作方法等の案内があります。

■出題形式　四答択一式50問

■合格基準　100点満点で60点以上

■受験手数料（税込）　5,500円

■法令基準日　問題文に特に指示のない限り、2024年4月1日現在施行の法令等に基づくものとします。

■合格発表　試験終了後、その場で合否に係るスコアレポートが手交されます。合格者は、試験日の翌日以降、「事業性評価エキスパート」の認定証をマイページからPDF形式で出力できます。

■持込み品　携帯電話、筆記用具、計算機、参考書および六法等を含め、自席（パソコンブース）への私物の持込みは認められていません。テストセンターに設置されている鍵付きのロッカー等に保管していただきます。メモ用紙・筆記用具はテストセンターで貸し出されます。計算問題については、試験画面上に表示される電卓を利用することができます。

■受験教材等	・本書
	・通信教育講座「取引先支援のための事業性評価実践コース」
■受験申込の変更・キャンセル	受験申込の変更・キャンセルは、受験日の３日前までマイページより行うことができます。受験日の２日前からは、受験申込の変更・キャンセルはいっさいできません。
■受験可能期間	受験可能期間は、受験申込日の３日後から当初受験申込日の１年後までとなります。受験可能期間中に受験（またはキャンセル）しないと、欠席となります。

※金融業務能力検定・サステナビリティ検定の最新情報は、一般社団法人金融財政事情研究会のWebサイト（https://www.kinzai.or.jp/kentei/news-kentei）でご確認ください。

第1章

事業性評価の意義、業界動向、金融機関に求められる役割

1-1　事業性評価の意義

《問》地域金融機関における事業性評価の意義に関する次の記述のうち、
　　最も適切なものはどれか。

1) 地域金融機関による事業性評価への取組みは、顧客企業が中長期的
　　に持続可能なビジネスモデルへ転換できるようサポートするもので
　　あり、地域金融機関自らのビジネスモデルの変更や転換につながる
　　ものではない。

2) 地域金融機関が地域の経済・産業の発展に貢献するためには、地域
　　の経済・産業を牽引する役割を果たしていない企業を中心に、事業
　　性評価を通じた支援を行う必要がある。

3) 事業性評価への取組みは、地域金融機関自らの経営の効率性向上や
　　コスト削減により金利競争力を強化し、預金や融資に関する健全な
　　金利競争による安定的な収益確保、健全性の維持・向上を目的とす
　　るものである。

4) 事業性評価とは、地域の経済・産業活動を支えながら、地域ととも
　　に金融機関自らも成長・発展していくという好循環を実現するため
　　の取組みである。

・解説と解答・

1) 不適切である。事業性評価への取組みは、経営環境の変化が地域金融機関
　　自らのビジネスモデルに与える影響を分析しつつ、中長期的に持続可能な
　　ビジネスモデルへ転換することにつながる。

2) 不適切である。地域の経済・産業を牽引する企業を中心に、事業性評価を
　　通じた支援を行うことが、当該企業の生産性向上のみならず、地域の経
　　済・産業の発展につながる。

3) 不適切である。事業性評価への取組みの目的は、取引先企業に付加価値の
　　高いサービスを提供することで企業の生産性向上を図り、地域の経済・産
　　業の発展に結びつけていくことである。その結果として、地域金融機関の
　　安定的な収益確保、健全性の維持・向上が期待できる。

4) 適切である。

正解　4)

1－2　業種ごとの特性

《問》地域金融機関が事業性評価において確認すべき「業種ごとの特性」
に関する次の記述のうち、最も適切なものはどれか。

1）事業性評価において、業種ごとの特性を把握するためには「市場の
特徴」、個別の取引先企業の競争力を把握するためには「差別化要
因」および「キャッシュの動き」に絞り込んで確認を行うことが有
用である。

2）一般に、従業員の専門性やノウハウ、企業ブランド等への依存度が
高いという特性を有する業種では、この特性が参入障壁となるた
め、競争が激化しにくく、収益性を維持しやすい。

3）一般に、少数の企業によって構成されている市場の競争環境は激化
するといわれ、多数の企業によって構成されシェアが分散している
市場においては、競争が緩やかになり、市場全体として高収益率を
実現できる可能性が高まる。

4）初期投資額が大きく、設備の維持更新のための投資が継続的に必要
とされる業種の場合、投資回収期間の長期化に起因して、利益計上
と資金流入（フリーキャッシュフロー）の額およびタイミングがお
おむね一致し、資金繰りが安定化する傾向がある。

・解説と解答・

1）不適切である。「市場の特徴」「差別化要因」「キャッシュの動き」は、い
ずれも「業種ごとの特性」を把握するための重要な確認事項である。金融
機関職員は、取引先企業の競争力を把握し、資金特性を踏まえて融資や本
業支援等を行うために、「業種ごとの特性」を確認する必要がある。「業種
ごとの特性」を把握する上での主な確認事項は、「市場の特徴（市場の寡
占度、製品・商品・サービス市場の成長率の変化幅等）」「差別化要因（従
業員の専門性やノウハウ、企業ブランド等への依存度合い等）」「キャッ
シュの動き（投資回収期間の長短、回転差資金の正負・大小、売上高とコ
ストの関係等）」の３点である。

2）適切である。

3）不適切である。一般に、少数の企業によって構成されている市場の競争環
境は緩やかになるといわれ、多数の企業によって構成されシェアが分散し

4

ている市場においては、競争が激化し、市場全体として高収益率を実現することが難しいといわれる。

4) 不適切である。初期投資額が大きいこと、設備の維持更新のための投資（資金支出）が継続的に必要とされること等が要因となり、投資回収期間が長くなっている業種の場合、利益とフリーキャッシュフローの乖離が大きくなる傾向があり、この傾向は特に成長期において顕著となる。こうした業種では、投資のための支出と資金回収（キャッシュインフロー）のタイミングのズレが大きくなるため、資金繰りが安定化する傾向があるとはいえない。

<u>正解　2)</u>

1−3 業界・競合他社動向の確認

《問》地域金融機関が事業性評価において実施する「業界・競合他社動向の確認」に関する次の記述のうち、最も不適切なものはどれか。

1) 業界や競合他社の動向を確認する際には、業界の成長ステージのほか、各社の成長率と市場シェアの動向、利益率（経費率）、投資効率等に着目することが有用である。

2) 業界全体の動向に比べて成長率が高い企業と低い企業があり、その成長率の差が経営方針と技術力の格差を要因として発生している場合、当該要因は継続的（中長期的）なものと認識する必要がある。

3) 事業資産（棚卸資産＋売掛金−買掛金＋固定資産）の回転率は、投資効率に関する競合他社比較を行うための指標として用いてはならない。

4) 企業の存立基盤の観点から、業界や競合他社の動向を確認する際には、業績面だけではなく、例えば、「競合市場で戦う企業」「下請市場で戦う企業」「ニッチ市場で戦う企業」「大企業独占・寡占の市場で戦う企業」といった企業の位置づけを分類して考察することが有用である。

・解説と解答・

1) 適切である。業界の成長ステージ、各社の成長率と市場シェアの動向、利益率、投資効率等を用いることにより、企業規模にかかわらず、企業の比較を行うことができる。

2) 適切である。成長率の差の発生要因となっている経営方針や技術力の格差は、継続的（中長期的）な要因に該当する。業界全体の動向に比べて成長率が高い企業と低い企業があれば、その要因が一時的なものか（例えば、価格戦略による一時的なシェア奪取や喪失、特定の顧客企業の急成長や撤退等）、継続的なものなのか（例えば、経営方針や技術力の格差、マーケティングの巧拙等）をヒアリング等を通じて把握すべきである。

3) 不適切である。投資効率に関する競合他社比較を行う際には、事業資産（棚卸資産＋売掛金−買掛金＋固定資産）の回転率を指標として用いることができる。事業資産回転率は、固定資産回転率と運転資金（棚卸資産＋売掛金−買掛金）の回転率に分解される。したがって、事業資産回転率を

　　向上させる、すなわち事業への投資効率を高めるためには、固定資産回転
　　率の向上、在庫日数の短縮、売掛金日数の短縮、支払条件の最適化などの
　　課題に取り組むことが求められる。

4）適切である。本選択肢の例示は中小企業研究センターが2009年に公表した
　　調査研究報告の分類である。例えば「ニッチ市場で戦う企業」は、しっか
　　りとした事業基盤を確立できれば、市場の小ささが味方して新規参入が起
　　こりづらい分、利益が比較的高水準で安定しやすいといえる。

<u>正解　3）</u>

1－4　金融行政方針（2023事務年度）

《問》金融機関による事業者支援に関する次の記述のうち、金融庁「2023
　　事務年度 金融行政方針」に照らし、最も不適切なものはどれか。

1）金融機関は、資本性劣後ローンや地域経済活性化支援機構
　　（REVIC）等を活用しながら、事業者の実情に応じた経営改善支援
　　や事業再生支援等を実施する必要がある。

2）金融庁・財務局は、金融機関による事業者支援の取組状況に関する
　　重点的なヒアリングを実施し、把握した課題について金融機関と継
　　続的に対話を行うこととしている。

3）金融庁・財務局は、地域金融機関の事業者支援能力の向上に向け
　　て、事業再生支援に関する知見・ノウハウを地域金融機関の現場職
　　員に展開する事業を進めることとしている。

4）金融機関は、事業全体に対する「事業成長担保権」を設定して行う
　　融資を早期導入し、事業者の持続的な成長を促す融資慣行を一層定
　　着させることを求められている。

・解説と解答・

1）適切である。金融庁「2023事務年度 金融行政方針」Ⅰ-1-(1)には、事
　業者支援の一層の推進に関連する事項として、以下の通り記載されてい
　る。

> （中略）金融機関においては、資金繰り支援にとどまることなく、（中
> 略）資本性劣後ローン、認定経営革新等支援機関（税理士や弁護士
> 等）や中小企業活性化協議会による各種支援ツール、中小企業基盤整
> 備機構や地域経済活性化支援機構（REVIC）等のファンド、「中小企
> 業の事業再生等に関するガイドライン」等を活用しながら、事業者の
> 実情に応じた経営改善支援や事業再生支援等を、先延ばしすることな
> く実施していく必要がある。

2）適切である。金融庁「2023事務年度 金融行政方針」Ⅰ-1-(1)には、事
　業者支援の一層の推進に関連する事項として、以下の通り記載されてい
　る。

> （中略）金融庁・財務局は、金融機関への事業者支援に関する重点的なヒアリングの実施等を通じて、こうした事業者支援の具体的な取組状況を定性的・定量的側面から確認し、支援を行う上での隘路や課題を把握することにより、事業者の実情に応じた支援の徹底を促していく。また、把握した課題等については、様々な機会を捉えて金融機関と継続的に対話を行っていく。

3）適切である。金融庁「2023事務年度 金融行政方針」Ⅰ−1−(2)には、地域金融機関の事業者支援能力の向上に関連する事項として、以下の通り記載されている。

> （金融庁・財務局は）事業者支援に携わる地域の関係者の連携・協働に向けた働きかけを面的に進めるとともに、地域金融機関の現場職員が事業者支援のノウハウを共有する取組を後押ししていく。（中略）地域金融機関における再生支援人材・担い手の拡充とその能力の高度化に向けて、REVICの有する事業再生支援に関する知見・ノウハウを手引きとして集約し、実践的な研修等を通じて地域金融機関の現場職員に展開する事業を進めていく。さらに、多様化する事業者の抱える課題・ニーズに対して、地域金融機関による支援を後押しする。例えば、地域企業の経営人材ニーズに応える地域金融機関の人材紹介の取組に関して、REVICが整備する人材プラットフォーム（REVICareer：レビキャリ）の活用促進に取り組む。また、地域金融機関による事業者のデジタル化支援を関係省庁と連携して後押しする。

4）不適切である。事業全体に対する担保制度（事業成長担保権）の必要性は、金融審議会等で指摘されているが、制度化するための法整備が必要とされるため、金融機関に対して早期導入が求められているわけではない。金融庁「2023事務年度 金融行政方針」Ⅰ−2−(1)、Ⅰ−2−(2)には、事業者の持続的な成長を促す融資慣行の形成に関連する事項として、以下の通り記載されている。

> 経営者保証は、スタートアップの創業や思い切った事業展開、円滑な

事業承継、早期の事業再生等の阻害要因となっている面がある。金融機関による経営者保証への安易な依存をなくし、事業者の持続的な成長と中長期的な企業価値の向上に繋げていくべく、「経営者保証改革プログラム」（2022年12月公表）の実行を推進する。（中略）事業者の知的財産・無形資産を含む事業全体に対する担保制度（事業成長担保権）の創設（中略）の必要性が示されている。（中略）（金融庁は）関係省庁とも連携し、関連法案を早期に提出することを目指すとともに、事業成長担保権の制度趣旨に関する金融機関や事業者等の理解促進に取り組んでいく。

正解　4）

1−5 検査マニュアル廃止後の融資に関する検査・監督の考え方と進め方

《問》金融庁「検査マニュアル廃止後の融資に関する検査・監督の考え方と進め方（令和元年12月）」の内容に関する次の㋐～㋒の記述のうち、適切なものはいくつあるか。

㋐ 金融庁は、個別金融機関の健全性を評価するに際して、その前提となる各金融機関の個性・特性や実態の正確な把握を通じて、どのような形で金融仲介機能の発揮に取り組んでいるのか、または取り組もうとしているのかを理解したうえで、金融仲介に伴い発生するリスクを特定・評価し、健全性上の優先課題について対話を行っていくとしている。

㋑ 金融庁は、金融機関における取引先企業の信用リスクの評価が、個社に帰属しない足元の市場環境や将来予測等の不確実な情報を用いることなく、過去の貸倒実績等や個社の定量・定性情報に基づいて客観的に行われているかを評価していくとしている。

㋒ 金融庁は、融資ポートフォリオの損失に係る見込みと実績が大幅に乖離することを防ぐために、各金融機関が個別貸倒引当金の対象となる債権を特定または限定することなく、過去の回収不能実績と同等の額にて適時に償却・引当を計上する態勢を整備しているかどうかを検証するとしている。

1）1つ
2）2つ
3）3つ
4）0（なし）

・解説と解答・

㋐ 適切である。なお、「金融機関の個性・特性」とは、金融機関がどのような経営環境（顧客特性、地域経済の特性、競争環境等）の中で何を目指しているのか（経営理念）、それをどのようなガバナンスや企業文化のもと

で、どのように具体的な経営戦略、経営計画、融資方針、融資実務、リスク管理、コンプライアンス態勢、自己査定・償却・引当実務として進め、どのような融資ポートフォリオや有価証券ポートフォリオを構築し、どのようなビジネス（顧客向けサービス業務や有価証券運用を含む）からどの程度の収益を上げ、どのような財務状況となっているかの全体像をいう。

① 不適切である。信用リスクに関する情報はさまざまな情報が考えられ、どのような情報をどの程度勘案すべきかは、各金融機関の融資方針や融資ポートフォリオの特性等によっても異なると考えられる。そこで、金融庁は、金融機関において、過去の貸倒実績等や個社の定量・定性情報に限らず、個社に帰属しない足元の情報、将来予測情報等、幅広い情報から信用リスクをどのように認識し、対応を検討しているかを評価していくとしている。

⑦ 不適切である。金融庁は、融資ポートフォリオの損失の認識が遅れることを防ぐために、各金融機関が個別貸倒引当金の対象となる債権を的確に把握し、回収不能見込額について適時に償却・引当を計上する態勢を整備しているかどうかを検証するとしている。また、経済合理性のない追い貸しがなされていないか、貸出先の状況を把握できているか、正常先や要注意先からの突発破綻が不自然に増えていないかについても検証するとしている。

　したがって、適切なものは1つ。

正解　1）

1－6　技術力・販売力・成長性の評価

《問》地域金融機関が事業性評価において実施する「技術力の評価」「販売力の評価」に関する次の記述のうち、最も適切なものはどれか。

1）保有する技術力が優れていると評価できる取引先企業については、製品の販売価格や役務提供の対価が適正に設定されているものとして販売力の評価を行う必要がある。

2）優れた技術力をもつ企業であっても、その源泉が特定個人に依存している企業は、「技術力が低い」と評価する必要がある。

3）優れた技術力をもつ企業で、その源泉がインフラや生産設備の優位性にある場合は、その優位性を維持するための保守・更新・投資の適切性や、技術革新により既存設備が陳腐化する可能性などについても確認しておく必要がある。

4）有能な営業担当者がいること、または組織的な営業管理体制が構築されていることの少なくとも一方が充足される企業は、安定的な利益確保が可能である。

・解説と解答・

1）不適切である。「技術力の評価」と「販売力の評価」はそれぞれ実施すべきものであり、技術力が優れている企業であるからといって、販売力も優れているとは限らない。このため、事業性評価においては、取引先企業が保有する技術力が市場から適正な評価を受け、営業活動（販売活動）において、販売価格や役務提供の対価として反映されているかどうかについて検証する必要がある。

2）不適切である。優れた技術力の源泉が特定個人に依存しているということを理由として、当該企業について「技術力が低い」と評価する（結論付ける）ことは適切とはいえない。この場合は、「優れた技術をもつ個人が適切に評価されているか」「その個人が高齢である場合は技術の伝承が組織として行われているか」などについても留意したうえで、当該企業の技術力を評価する必要がある。

3）適切である。

4）不適切である。有能な営業担当者がいる企業でも、組織的な営業管理体制が構築されていない場合には、企業が目指す利益を確保できない事態が発

生するおそれがある。このため、原材料単価や労務単価など押さえておくべき客観的な指標が周知されているか、他部署との連携は円滑に行われているかなどについてもヒアリング等により把握する必要がある。

正解　3）

1−7 事業性評価における知的財産権 I

《問》企業が保有する知的財産に関する次の記述のうち、最も適切なものはどれか。

1）企業の知的財産は、新規事業（新製品）の開発により創出されるものであり、既存事業の強化や効率化により創出されるものではない。

2）事業性評価において金融機関が評価の対象とする知的財産は、特許または実用新案として保護されたものであり、意匠、商標等は評価の対象外である。

3）金融機関は、事業性評価において、知的財産に起因する企業の競争優位性を評価する際には、知的財産の先進性を評価の対象とし、他社による模倣防止策については評価の対象外とする必要がある。

4）独立行政法人工業所有権情報・研修館が運営する「J-PlatPat」を利用することにより、企業名、出願人名、権利者名、製品の特徴等のキーワードに基づき、知的財産に関する情報を検索できる。

・解説と解答・

1）不適切である。企業の知的財産は、既存事業の強化や新規事業（新製品）の開発により創出されるものである（特許庁「金融機関職員のための知的財産活用のススメ〜知財を切り口とした企業の実態把握〜（2021年3月改訂)」）。

2）不適切である。知的財産とは、特許・実用新案・意匠・商標等の人間の創造的活動によって生み出されるものをいい、いずれも事業性評価における評価の対象となる（特許庁「金融機関職員のための知的財産活用のススメ〜知財を切り口とした企業の実態把握〜（2021年3月改訂)」）。

3）不適切である。事業活動における知的財産の活用や他社による模倣防止等は、企業の競争優位性や独自性の確保の観点から重要な取組みである。よって、金融機関は、事業性評価において、知的財産に起因する企業の競争優位性を評価する際には、知的財産の優位性（先進性、独創性等）のみならず、他社による模倣防止等についても評価の対象とする必要がある（特許庁「金融機関職員のための知的財産活用のススメ〜知財を切り口とした企業の実態把握〜（2021年3月改訂)」）。

4）適切である。「J-PlatPat」は、独立行政法人工業所有権情報・研修館がインターネット上で公開する無料の特許情報検索サービスであり、企業名、出願人名、権利者名、製品の特徴等のキーワードに基づき、知的財産に関する名称、出願人名、出願日、登録日、背景技術、発明の効果、発明が解決しようとする課題、発明者等の情報を検索できる。なお、ここでいう「製品の特徴」とは、「センサー」「携帯電話」「セキュリティソフト」等、一般的な用語を指す（特許庁「金融機関職員のための知的財産活用のススメ～知財を切り口とした企業の実態把握～（2021年3月改訂)」)。

正解　4）

1-8 事業性評価における知的財産権Ⅱ

《問》金融機関による知的財産を通じた企業の実態把握に関する次の記述
　のうち、特許庁「金融機関職員のための知的財産活用のススメ～知
　財を切り口とした企業の実態把握～」および「金融機関職員のため
　の知的財産活用のススメ〔応用編〕知財の情報を活用した企業の実
　態把握・支援の組織展開〔改訂版〕」に照らし、最も適切なものは
　どれか。

1）金融機関は、知的財産を通じた企業の実態把握の結果を、「経営者
　とのコミュニケーション」「企業の将来性や経営ニーズの理解」「金
　融機関としてのソリューション提案」等の業務活動に活用できる。

2）金融機関は、「金利・為替等の市場環境が自社の売上にどれほど影
　響しているか」という観点に基づき、「企業の売上の源泉となって
　いる強み」を分析する必要がある。

3）金融機関は、「製品競争力を支える開発体制や知的財産の権利はど
　うなっているか」という観点に基づき、「企業の将来の成長を支え
　る製品競争力」を理解する必要がある。

4）社内の開発人材、他社との共同開発の状況は、金融機関が「企業の
　製品競争力の根拠となる開発体制・権利」を分析するための着目点
　に該当するが、特許出願のタイミングや計画性は、当該着目点には
　該当しない。

・解説と解答・

　下記解説1）～4）は、特許庁「金融機関職員のための知的財産活用のスス
メ〔応用編〕知財の情報を活用した企業の実態把握・支援の組織展開〔改訂
版〕」に準拠しており、加えて、下記解説1）は、特許庁「金融機関職員のた
めの知的財産活用のススメ～知財を切り口とした企業の実態把握～」に準拠し
ている。

1）適切である。金融機関は、知的財産を通じて、「企業の売上の源泉となっ
　ている強み」「企業の将来の成長を支える製品競争力」「企業の製品競争力
　の根拠となる開発体制・権利」等を理解することができる。

　　金融機関は、知的財産を通じた企業の実態把握の結果を、「経営者との
　コミュニケーション」「企業の将来性や経営ニーズの理解」「金融機関とし

てのソリューション提案」等の業務活動に活用し、企業活動の支援を強化
していく必要がある。

(1) 「企業の売上の源泉となっている強み」に関する実態把握

　着目点　　：コアな強み（創業から現在まで保有し、今後も事業におい
　　　　　　　て発揮されうる強み）
　　　　　　　技術の新規性（従来技術/他社技術の課題を解決し、顧客
　　　　　　　に提供する付加価値）　等

　分析の観点：技術、デザイン性、名称・ロゴが、製品の強みとして現在
　　　　　　　の売上にどれほど貢献しているか

(2) 「企業の将来の成長を支える製品競争力」に関する実態把握

　着目点　　：技術の排他性（競合他社による模倣・新規参入への抑止
　　　　　　　力）
　　　　　　　他社動向（製品技術の特徴（キーワード）における他社の
　　　　　　　出願・技術開発状況）　等

　分析の観点：既存製品（および開発中の新製品）の技術、デザイン性、
　　　　　　　名称・ロゴは、同業他社との差異化要因があり、将来的な
　　　　　　　成長を支える上での競争優位を保てるか

(3) 「企業の製品競争力の根拠となる開発体制・権利」に関する実態把握

　着目点　　：開発体制（社内の開発人材、他社との共同開発の状況）
　　　　　　　権利化・事業化（特許出願と事業化（商品リリース）のタ
　　　　　　　イミング・計画性）　等

　分析の観点：製品競争力を支える開発体制や知的財産の権利はどうなっ
　　　　　　　ているか

2）不適切である。「企業の売上の源泉となっている強み」に関する実態把握
　の分析の観点は、例えば「技術、デザイン性、名称・ロゴが、製品の強み
　として現在の売上にどれほど貢献しているか」である。企業の売上の源泉
　となっている強みは、一般には企業の内部要因として分析されるべきもの
　であり、「金利・為替等の市場環境」のような外部要因による売上変動を
　観点として分析されるべきものではない。

3）不適切である。本選択肢に記載された観点は、上記1）の解説(3)における
　「企業の製品競争力の根拠となる開発体制・権利」に関する実態把握の分
　析の観点である。「企業の将来の成長を支える製品競争力」に関する実態
　把握の分析の観点は、例えば「既存製品（および開発中の新製品）の技
　術、デザイン性、名称・ロゴは、同業他社との差異化要因があり、将来的

な成長を支える上での競争優位を保てるか」である。上記1）の解説(2)を
参照。

4）不適切である。社内の開発人材、他社との共同開発の状況、特許出願と事
業化（商品リリース）のタイミング・計画性は、いずれも「企業の製品競
争力の根拠となる開発体制・権利」に関する実態把握の着目点に該当す
る。上記1）の解説(3)を参照。

<u>正解 1）</u>

1-9　取引先の将来の見通しの実現可能性

《問》地域金融機関が事業性評価において検討する「取引先の将来の見通しの実現可能性」に関する次の記述のうち、最も不適切なものはどれか。

1）取引先企業の将来の見通しの実現可能性を判断する際には、「外部環境分析」「内部環境分析」「施策内容の精査」を複合的に実施することが有効である。

2）取引先の増収計画において設定されている高い売上成長率について、過去からの連続的な施策だけではその実現可能性の根拠を見出すことが難しい場合であっても、経営陣の意欲をヒアリングにより確認できれば、実現可能であると判断すべきである。

3）取引先である地方のスーパーにおいて、顧客数が増加傾向にある場合、外部環境分析で整理した市場データおよび内部環境分析で整理した取引先の売上実績データの時系列推移を確認したうえで、データ数値の増減や顧客数増加の要因を具体的にヒアリングする必要がある。

4）取引先である地方のスーパーにおいて、近隣の競合スーパーが撤退して今期増収の恩恵を受けた場合であっても、取引先の今後の戦略や市場動向などを分析したうえで将来の見通しを判断する必要がある。

・解説と解答・

1）適切である。なお、「外部環境分析」では、市場・業界の実態把握を行い、「内部環境分析」では、取引先企業の競争力の見極めを、「施策内容の精査」では、取引先企業の事業計画や予算の具体性の検証を行う。

2）不適切である。過去からの連続的な施策だけでは増収根拠が見出しにくい場合、当該事業のビジネスモデルの的確な把握が重要となる。取引先の増収計画において設定されている高い売上成長率について、過去からの連続的な施策だけではその実現可能性の根拠を見出すことが難しい場合は、「ヒト・モノ・カネ」の観点から、「これまで実行していないこと・できていないことへの対処が計画内に施策として盛り込まれているか」を確認し、施策効果の見積り根拠の妥当性を判断する必要がある。経営陣の意欲

をヒアリングにより確認できたことだけでは、高い売上成長率が実現可能であることの根拠としては弱く、実現可能であると判断すべきだという結論とはならない。

3) 適切である。

4) 適切である。競合他社が撤退した場合、一時的には売上高の増加や増収につながることが多いものの、一般にそのような売上高増や増収は一過性の要因に基づくととらえるべきであり、今後の戦略や市場動向なども精緻に分析したうえで将来の見通しを判断する必要がある。

<u>正解　2)</u>

1－10 金融仲介機能のベンチマーク

《問》金融庁が、金融仲介の質の向上に向けて2016年9月に公表した「金融仲介機能のベンチマーク」に関する次の記述のうち、最も適切なものはどれか。

1）金融機関は、金融庁が公表した「金融仲介機能のベンチマーク」のなかから複数のベンチマークを選定し、自ら設定した目標を達成することを義務づけられている。

2）「金融仲介機能のベンチマーク」には、すべての金融機関に対して金融庁から努力目標が提示される5つの「共通ベンチマーク」と、各金融機関が自身の事業戦略やビジネスモデル等を踏まえて選択できる50の「選択ベンチマーク」がある。

3）「金融仲介機能のベンチマーク」の共通ベンチマークとして挙げられている項目は、「取引先企業の経営改善や成長の強化」「取引先企業の抜本的事業再生等による生産性の向上」「担保・保証依存の融資姿勢からの転換」である。

4）金融機関における「金融仲介機能のベンチマーク」の活用は、取引先企業の価値向上や生産性向上を通じて日本経済の持続的成長につながるものと位置づけられているが、金融機関自身の経営安定に寄与するものとは位置づけられていない。

・解説と解答・

1）不適切である。金融庁は、「金融仲介機能のベンチマーク」について、自己点検・評価、開示、対話のツールとして活用を促しているが、金融機関に対し、ベンチマークに対して目標設定することや、目標達成することを義務づけているわけではない。

2）不適切である。「金融仲介機能のベンチマーク」には、すべての金融機関が金融仲介の取組みの進捗状況や課題等を客観的に評価するために活用可能な5つの「共通ベンチマーク」と、各金融機関が自身の事業戦略やビジネスモデル等を踏まえて選択できる50の「選択ベンチマーク」がある。「共通ベンチマーク」「選択ベンチマーク」ともに、金融庁から金融機関に対して目標提示されることはない。

3）適切である。

4）不適切である。金融機関における「金融仲介機能のベンチマーク」の活用
は、取引先企業の価値向上や生産性向上を通じて日本経済の持続的成長に
つながるとともに、金融機関自身の経営安定にも寄与するものと位置づけ
られている。

正解 3）

〈参考〉 金融仲介機能のベンチマーク
共通ベンチマーク

項目	共通ベンチマーク
(1)取引先企業の経営改善や成長の強化	1．金融機関がメインバンク（融資残高1位）として取引を行っている企業のうち、経営指標（売上・営業利益率・労働生産性等）の改善や就業者数の増加が見られた先数（先数はグループベース。以下断りがなければ同じ）、及び、同先に対する融資額の推移
(2)取引先企業の抜本的事業再生等による生産性の向上	2．金融機関が貸付条件の変更を行っている中小企業の経営改善計画の進捗状況
	3．金融機関が関与した創業、第二創業の件数
	4．ライフステージ別の与信先数、及び、融資額（先数単体ベース）
(3)担保・保証依存の融資姿勢からの転換	5．金融機関が事業性評価に基づく融資を行っている与信先数及び融資額、及び、全与信先数及び融資額に占める割合（先数単体ベース）

選択ベンチマーク

項目	選択ベンチマーク
(1)地域へのコミットメント・地域企業とのリレーション	1．全取引先数と地域の取引先数の推移、及び、地域の企業数との比較（先数単体ベース）
	2．メイン取引（融資残高1位）先数の推移、及び、全取引先数に占める割合（先数単体ベース）
	3．法人担当者1人当たりの取引先数
	4．取引先への平均接触頻度、面談時間
(2)事業性評価に基づく融資等、担保・保証に過度に依存しない融資	5．事業性評価の結果やローカルベンチマークを提示して対話を行っている取引先数、及び、左記のうち、労働生産性向上のための対話を行っている取引先数
	6．事業性評価に基づく融資を行っている与信先の融資金利と全融資金利との差

	7．地元の中小企業与信先のうち、無担保与信先数、及び、無担保融資額の割合（先数単体ベース）
	8．地元の中小企業与信先のうち、根抵当権を設定していない与信先の割合（先数単体ベース）
	9．地元の中小企業与信先のうち、無保証のメイン取引先の割合（先数単体ベース）
	10．中小企業向け融資のうち、信用保証協会保証付き融資額の割合、及び、100％保証付き融資額の割合
	11．経営者保証に関するガイドラインの活用先数、及び、全与信先数に占める割合（先数単体ベース）
(3)本業（企業価値の向上）支援・企業のライフステージに応じたソリューションの提供	12．本業（企業価値の向上）支援先数、及び、全取引先数に占める割合
	13．本業支援先のうち、経営改善が見られた先数
	14．ソリューション提案先数及び融資額、及び、全取引先数及び融資額に占める割合
	15．メイン取引先のうち、経営改善提案を行っている先の割合
	16．創業支援先数（支援内容別）
	17．地元への企業誘致支援件数
	18．販路開拓支援を行った先数（地元・地元外・海外別）
	19．M＆A支援先数
	20．ファンド（創業・事業再生・地域活性化等）の活用件数
	21．事業承継支援先数
	22．転廃業支援先数
	23．事業再生支援先における実抜計画策定先数、及び、同計画策定先のうち、未達成先の割合
	24．事業再生支援先におけるDES・DDS・債権放棄を行った先数、及び、実施金額（債権放棄額にはサービサー等への債権譲渡における損失額を含む、以下同じ）
	25．破綻懸念先の平均滞留年数
	26．事業清算に伴う債権放棄先数、及び、債権放棄額
	27．リスク管理債権額（地域別）

(4)経営人材支援	28.	中小企業に対する経営人材・経営サポート人材・専門人材の紹介数（人数ベース）
	29.	28の支援先に占める経営改善先の割合
(5)迅速なサービスの提供等顧客ニーズに基づいたサービスの提供	30.	金融機関の本業支援等の評価に関する顧客へのアンケートに対する有効回答数
	31.	融資申込みから実行までの平均日数（債務者区分別、資金使途別）
	32.	全与信先に占める金融商品の販売を行っている先の割合、及び、行っていない先の割合（先数単体ベース）
	33.	運転資金に占める短期融資の割合
(6)業務推進体制	34.	中小企業向け融資や本業支援を主に担当している支店従業員数、及び、全支店従業員数に占める割合
	35.	中小企業向け融資や本業支援を主に担当している本部従業員数、及び、全本部従業員数に占める割合
(7)支店の業績評価	36.	取引先の本業支援に関連する評価について、支店の業績評価に占める割合
(8)個人の業績評価	37.	取引先の本業支援に関連する評価について、個人の業績評価に占める割合
	38.	取引先の本業支援に基づき行われる個人表彰者数、及び、全個人表彰者数に占める割合
(9)人材育成	39.	取引先の本業支援に関連する研修等の実施数、研修等への参加者数、資格取得者数
(10)外部専門家の活用	40.	外部専門家を活用して本業支援を行った取引先数
	41.	取引先の本業支援に関連する外部人材の登用数、及び、出向者受入れ数（経営陣も含めた役職別）
(11)他の金融機関及び中小企業支援策との連携	42.	地域経済活性化支援機構（REVIC）、中小企業再生支援協議会の活用先数
	43.	取引先の本業支援に関連する中小企業支援策の活用を支援した先数
	44.	取引先の本業支援に関連する他の金融機関、政府系金融機関との提携・連携先数

⑿収益管理態勢	45.	事業性評価に基づく融資・本業支援に関する収益の実績、及び、中期的な見込み
⒀事業戦略における位置づけ	46.	事業計画に記載されている取引先の本業支援に関連する施策の内容
	47.	地元への融資に係る信用リスク量と全体の信用リスク量との比較
⒁ガバナンスの発揮	48.	取引先の本業支援に関連する施策の達成状況や取組みの改善に関する取締役会における検討頻度
	49.	取引先の本業支援に関連する施策の達成状況や取組みの改善に関する社外役員への説明頻度
	50.	経営陣における企画業務と法人営業業務の経験年数（総和の比較）

出典：金融庁「金融仲介機能のベンチマーク（2016年9月）」

1－11　金融仲介の取組状況を客観的に評価できる指標群（KPI）

《問》金融庁が2019年9月に公表した「金融仲介の取組状況を客観的に評価できる指標群」（以下、「KPI」という）に関する次の記述のうち、最も不適切なものはどれか。

1）KPIは、「新規融資に占める経営者保証に依存しない融資の割合」および「事業承継時における保証徴求対応に係る4類型の件数割合」に大別されており、地域金融機関は、KPIの推移について、可能な限り自主的に公表することを期待されている。

2）KPIのうち、「事業承継時における保証徴求対応に係る4類型の件数割合」とは、「新旧両経営者から保証徴求した融資の件数割合」「旧経営者のみから保証徴求した融資の件数割合」「新経営者のみから保証徴求した融資の件数割合」「新旧両経営者ともに保証徴求しなかった融資の件数割合」を指す。

3）手形の書換え（新規の手形貸付により旧債務を回収する取扱い）を行った件数は、「新規融資に占める経営者保証に依存しない融資の割合」の件数集計の対象に含まれる。

4）「事業承継時における保証徴求対応に係る4類型の件数割合」の件数集計の対象は、中小企業者であり、個人事業主は含まれない。

・解説と解答・

1）適切である。金融庁は、地域金融機関が「新規融資に占める経営者保証に依存しない融資の割合」および「事業承継時における保証徴求対応に係る4類型の件数割合」から成る「金融仲介の取組状況を客観的に評価できる指標群（KPI）」の推移について、可能な限り自主的な公表を期待するとしている。

2）適切である。なお、「新規融資に占める経営者保証に依存しない融資の割合」は、①新規に無保証で融資した件数、②経営者保証の代替的な融資手法として、停止条件付保証契約を活用した件数、③経営者保証の代替的な融資手法として、解除条件付保証契約を活用した件数、および④経営者保証の代替的な融資手法として、ABLを活用した件数の合計が、⑤新規融資件数に占める割合（｜（①＋②＋③＋④）／⑤｜×100）を指す。

3）適切である。なお、金融庁は、「新規融資に占める経営者保証に依存しな

い融資の割合」の件数集計の留意事項として下記を挙げている。

・中小企業者（中小企業基本法2条1項に定める定義に基づくもの、個人事業主を含む）への融資件数を計上

・信用保証協会の保証付き融資も対象

・手形割引において、一度に複数枚の手形が持ち込まれた場合には、まとめて融資件数1件として計上

・極限度額貸付（当座貸越、手形貸付、手形割引等の契約に基づかない極度枠の場合を含む）は、極限度額の設定・更新時に融資件数1件として計上

・新規貸付により旧債務を回収した場合（いわゆる、「手形の書換え」）も計上

4）不適切である。「事業承継時における保証徴求対応に係る4類型の件数割合」の件数集計の対象は、中小企業基本法2条1項に定める定義に基づく中小企業者だけでなく、個人事業主も含まれる。なお、金融庁は、「事業承継時における保証徴求対応に係る4類型の件数割合」の件数集計の留意事項として下記を挙げている。

・中小企業者（中小企業基本法第2条1項に定める定義に基づくもの、個人事業主を含む）への融資に付帯する保証件数を計上

・代表者の交代とは、各金融機関において登録されている代表者（代表取締役社長など）の変更を指し、旧経営者が保証を提供している先において、代表者の交代手続きが行われた場合は全て対象

・代表者の交代が行われたが、保証契約の解除・締結などの手続きが翌半期となった場合は、前半期の実績を修正するとともに、翌半期の実績として計上

<u>正解　4）</u>

1−12　ローカルベンチマーク

> 《問》経済産業省が普及・促進に取り組む「ローカルベンチマーク」に関する次の記述のうち、最も不適切なものはどれか。
> 1）ローカルベンチマークは、企業の経営者等と金融機関・支援機関等が同じ目線、同じ枠組みで対話を行うためのツールとして作成されたものである。
> 2）ローカルベンチマーク・シートは、「6つの指標（財務面）」「商流・業務フロー」「4つの視点（非財務面)」の3枚のシートから構成されている。
> 3）企業が中小企業等経営強化法に基づく経営力向上計画の申請にあたっては、自社の経営状況に関する現状認識として、ローカルベンチマークの「6つの指標（財務面）」について、自社の現状値および経営力向上計画終了時の目標値を示す必要がある。
> 4）ローカルベンチマークは、「企業の経営力評価」を行う第1段階と、「企業の経営改善に向けた対話」を行う第2段階の2部構成となっている。

・解説と解答・

1）適切である。ローカルベンチマークとは、企業の経営状態の把握（いわゆる「企業の健康診断」）を行うツールである。企業の経営者と金融機関・支援機関等がコミュニケーション（対話）を行いながら、ローカルベンチマーク・シート等を使用し、企業経営の現状や課題を相互に理解することで、個別企業の経営改善や地域活性化につながることが期待されている。

2）適切である。ローカルベンチマーク・シートは、「6つの指標（財務面）」（①売上高増加率、②営業利益率、③労働生産性、④EBITDA有利子負債倍率、⑤営業運転資本回転期間、⑥自己資本比率）、「商流・業務フロー」「4つの視点（非財務面）」（①経営者、②事業、③企業を取り巻く環境・関係者、④内部管理体制）の3枚のシートから構成されている。

3）適切である。ローカルベンチマークは政府の各種施策と連携しており、各種補助金等の申請にも活用されている。中小企業等経営強化法に基づく経営力向上計画の認定を受けるための申請書の「4．現状認識−③自社の経営状況」欄には、自社の経営状況に関する現状認識として、ローカルベン

チマークの「6つの指標（財務面）」について、自社の現状値および経営力向上計画終了時目標値を示す必要がある。経営力向上計画について国の認定を受けた事業者は、計画実行のための支援措置（税制措置、金融支援、法的支援）を受けることができる。

4）不適切である。ローカルベンチマークは、「地域の経済・産業の現状と見通しの把握」を行う第1段階と、「個別企業の経営力評価と経営改善に向けた対話」を行う第2段階から構成されている。

正解 4）

1－13　経営デザインシート I

《問》内閣府が提供する「経営デザインシート」に関する次の記述のうち、最も適切なものはどれか。
1）経営デザインシートは、企業が将来の事業構想を行うための思考補助ツールと位置づけられている一方、現在の厳しい事業環境を耐え抜くための短期ビジョンが重視されるという特徴がある。
2）現在と将来という時間軸を意識しながら、自社と他社の事業目的・特徴・事業概要・価値を対比できることが、経営デザインシートの特徴の１つである。
3）経営デザインシートを作成する際には、企業活動の「これまで」と「現状」を出発点として、現状の施策の延長線となる経営戦略を策定し、実現可能な未来を考えるという「フォアキャスト思考」を用いる必要がある。
4）経営デザインシートは、従業員、金融機関、専門家、投資家、後継者、パートナー企業等の幅広いステークホルダーとの対話において共通基盤として活用することができる。

・解説と解答・

1）不適切である。経営デザインシートは、企業が将来の事業構想を行うための思考補助ツールと位置づけられ、企業が環境変化に耐え抜くためには長期ビジョンが重要であるとの認識のもと、「環境変化を見据え、自社や事業の『これまで』の理解に基づき、『これから』を構想すること」を目的に制定されている。経営デザインシートの作成を通じ、企業は、自社や事業の存在意義を意識しながら、現在の自社のビジネスモデルや強み、課題について整理・把握したうえで、長期的な視点で将来的にどのような価値を提供していきたいかを構想し、その実現に向けて必要な戦略を策定することができる。企業が必要な資源を調達し組み合わせ、顧客の求める価値へ変換し提供を行う「価値創造メカニズム」を可視化することに重点を置いていることが、経営デザインシートの特徴の１つである。
2）不適切である。「これまで（現在）」と「これから（将来）」という時間軸を意識しながら、自社の目的・特徴・事業概要・価値を俯瞰できることが経営デザインシートの特徴である。自社と他社の対比を行うことは、経営

デザインシートの特徴とはいえない。

3）不適切である。経営デザインシートを作成する際には、企業が未来の在り
　たい姿を出発点として、現在とのギャップを埋めるために必要な経営戦略
　を検討する「バックキャスト思考」を用いる必要がある。

4）適切である。

正解　4）

1−14　経営デザインシートⅡ

《問》「経営デザインシート」を作成する際の注意点に関する次の記述の
うち、内閣府の「経営デザインシート作成テキスト入門編」および
「経営デザインシート作成テキスト応用編」に照らし、最も適切な
ものはどれか。
1）経営デザインシートは内閣府が作成した公的な書式であるため、新
たな記入欄の追加や、所定欄の変更などの改変を行ってはならな
い。
2）経営デザインシートを作成する際に迷うことがある場合は、社内の
関係者のみならず、社外の第三者とも対話しながら作成することが
有効である。
3）経営デザインシートを作成する際は、まずはすべての記入欄を埋め
ることに時間を掛け、その後に社内の関係者と議論や意見交換を行
うことが推奨されている。
4）経営デザインシートの記入手順は、経営をデザインするための有効
な手順を示すものであるため、定められた順番に従って記入しなけ
ればならない。

・解説と解答・

　経営デザインシートを作成する際の注意事項やポイントは、内閣府が公開す
る「経営デザインシート作成テキスト入門編」（以下、「入門編」という）およ
び「経営デザインシート作成テキスト応用編」（以下、「応用編」という）にて
解説されている。入門編では、経営デザインシートの考え方や、経営デザイン
シート作成手順が示されており、応用編では、入門編に基づき作成した経営
シートをブラッシュアップするためのポイントが紹介されている。
1）不適切である。経営デザインシートは内閣府が作成したものであるが、自
社の実態により即したシートとするため、自社の状況に応じて記入欄の改
変を行っても構わない。
2）適切である。経営デザインシートの作成者（経営者、後継者、事業担当者
等）、対話する相手（幹部候補、若手社員、社外の支援者等）の有無、作
成方法（考えを紙に書き出す方法、ディスカッション形式、ワークショッ
プ形式、対話形式等）は、様々に考えられる。経営デザインシートを作成

する際に迷うことがある場合は、社内外を問わず、誰かとの対話を通じ、気づきを得ながら作成することが有効であり、内容のブラッシュアップにもつながるため、推奨されている方法である。

3）不適切である。経営デザインシートの作成の目的は、今後の経営戦略を練ることであるため、記入欄をすべて埋めるよりも、考えることに時間をかけることが推奨されている。

4）不適切である。入門編では、経営デザインシート作成手順が示されているが、これはあくまで参考例であり、どの欄から記入してもよく、欄を行き来しながら記入しても構わないとされている。

正解　2）

〈参考〉経営デザインシート（事業が1つの企業用）

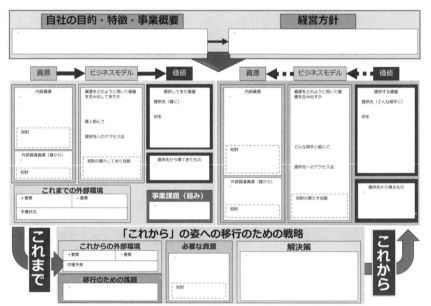

出典：内閣府ホームページ「経営をデザインする（経営デザインシート）」

1－15　経営者保証に関するガイドライン Ⅰ

《問》「経営者保証に関するガイドライン」（以下、「経営者保証ガイドライン」という）に基づく保証債務の整理等に関する次の記述のうち、最も不適切なものはどれか。

1）経営者保証ガイドラインは、主たる債務者が中小企業・小規模事業者等であり、かつ、主たる債務者の経営者などが保証人となっている保証契約を対象としている。

2）経営者保証ガイドラインでは、法人と経営者の一体性の解消が図られている主たる債務者から資金調達の要請があった場合、一定の要件が将来にわたって充足すると見込まれるときは、将来経営者保証を求めない可能性や、経営者保証の機能を代替する融資手法を活用する可能性について検討するよう、金融機関に対して求めている。

3）保証債務整理手続が申し立てられ、保証人が経営者保証ガイドラインの要件を充足する場合、債権者は、合理的な不同意事由がない限り、保証債務整理手続の成立に向けて誠実に対応するよう求められている。

4）経営者保証ガイドラインに基づく保証債務の弁済は、一括弁済または10年以内の分割弁済としなければならない。

・解説と解答・

「経営者保証に関するガイドライン」（経営者保証ガイドライン）は、経営者保証が経営への規律づけや資金調達の円滑化に寄与する面がある一方、経営者による思い切った事業展開や早期の事業再生、円滑な事業承継を妨げる要因になっているという課題の解決策の方向性を具体化するものとして、全国銀行協会と日本商工会議所により策定され、2014年2月1日から適用が開始された。

また、経営者保証ガイドラインを補完するものとして、2019年12月には、「事業承継時に焦点を当てた『経営者保証に関するガイドライン』の特則」が策定され、経営者保証が事業承継の阻害要因とならないよう、原則として前経営者、後継者の双方からの二重徴求を行わないことなどが盛り込まれた。

さらに、2022年3月には、中小企業の廃業時に焦点を当て、中小企業の経営規律の確保に配慮しつつ、経営者保証ガイドラインの趣旨を明確化するため、「廃業時における『経営者保証に関するガイドライン』の基本的考え方」（以

下、「基本的考え方」という）が策定されている。この基本的考え方は、企業経営者に退出希望がある場合の早期相談の重要性について、より一層の周知を行っていく観点から、廃業手続に早期に着手することが、保証人の残存資産の増加に資する可能性があることを明らかにするため、2023年11月に改定されている。

1）適切である（「経営者保証に関するガイドライン」3項(1)、(2)）。なお、経営者保証ガイドラインの対象となる中小企業・小規模事業者等には、中小企業基本法に規定された中小企業者・小規模事業者のみでなく、個人事業主も含むとされている（「『経営者保証に関するガイドライン』Q&A」Q.3）。

2）適切である。経営者保証ガイドラインは、法人と経営者の一体性の解消等が図られている、あるいは解消等を図ろうとしている主たる債務者から資金調達の要請があった場合において、主たる債務者である中小企業において以下の5要件が将来にわたって充足すると見込まれるときは、経営者保証を求めない可能性や、経営者保証の機能を代替する融資手法を活用する可能性について検討するよう、金融機関に対して求めている（「経営者保証に関するガイドライン」4項(2)）。

　①法人と経営者個人の資産・経理が明確に分離されている

　②法人と経営者の間の資金のやりとりが、社会通念上適切な範囲を超えない

　③法人のみの資産・収益力で借入返済が可能と判断しうる

　④法人から適時適切に財務情報等が提供されている

　⑤経営者等から十分な物的担保の提供価値がある

3）適切である。「経営者保証ガイドライン」に法的拘束力はなく、債権者に保証債務整理手続の成立に向けて対応する法的義務を負わせるものではない。しかし、債権者には、「経営者保証ガイドライン」を自発的に尊重し、遵守することが期待されている。

4）不適切である。保証債務の弁済計画は、一括弁済のほか、分割弁済（原則として5年以内）とすることも可能である。

<u>正解　4）</u>

1－16　経営者保証に関するガイドラインⅡ

《問》「経営者保証に関するガイドライン」（以下、「経営者保証ガイドライン」という）に関する次の㋐～㋒の記述のうち、適切なものはいくつあるか。

㋐　経営者保証ガイドラインには法的拘束力があり、金融機関が中小企業を債務者として資金の貸付を行う場合において、経営者保証を求めない可能性や代替的な融資手法等を検討するよう金融機関に対し求めている。

㋑　金融機関は、信用供与に際して経営者保証を求める場合、主債務者および保証人に対して経営者保証ガイドラインに基づく説明を行い、その結果等を書面または電子的方法で記録する必要がある。

㋒　金融機関は、経済産業省・金融庁・財務省により公表された「経営者保証改革プログラム」に基づき、「経営者保証ガイドラインの浸透・定着に向けた取組方針」を、経営トップを交え検討・作成し、公表することを求められている。

1）　1つ
2）　2つ
3）　3つ
4）　0（なし）

・解説と解答・

㋐　不適切である。「経営者保証に関するガイドライン」（以下、「経営者保証ガイドライン」という）は、経営者保証に関して中小企業等（主たる債務者）や経営者等（保証人）、金融機関等（金融債権者）が果たすべき役割を具体化したものであり、法的拘束力はない。

㋑　適切である。金融庁「中小・地域金融機関向けの総合的な監督指針」Ⅱ－3－2－1－2⑶①ニには、以下の通り記載されている。

（金融機関は）経営者等との間で保証契約を締結する場合には、「経

営者保証に関するガイドライン」に基づき、（中略）主債務者と保証人に対して丁寧かつ具体的に説明を行うこととしているか、また、保証人に対し、（中略）説明をした旨を確認し、その結果等を書面又は電子的方法で記録することとしているか。

　また、保証人に対して経営者保証ガイドラインに基づく説明を行った旨を確認する際は、署名・捺印のみならず口頭によるものでも問題ない。一方で、保証人に対する説明結果等の記録は、書面または電子的方法により記録する必要がある（「中小・地域金融機関向けの総合的な監督指針」等の改正に係る2022年12月23日付金融庁パブリックコメント回答39番）。

⑦　適切である。

　したがって、適切なものは2つ。

正解　2）

1－17 中小企業白書に基づく中小企業の動向Ⅰ

《問》中小企業の経営状況、動向等に関する次の記述のうち、中小企業庁
「中小企業白書（2023年版）」に照らし、最も適切なものはどれか。
1）2020年1月から2023年2月末までに集計された新型コロナウイルス
関連経営破たん件数の月別推移をみると、件数のピークは2022年9
月であり、その後は減少傾向が続いている。
2）中小企業の資金繰りDIは、新型コロナ感染症の影響により2020年
第2四半期に大きく低下したが、2022年第2四半期には新型コロナ
ウイルス感染症の流行前の水準まで回復し、その後は上昇傾向がみ
られている。
3）海外展開の実施状況に関するアンケート調査によれば、「海外展開
をしている」と回答した割合が最も高い業種は「製造業」であり、
最も低い業種は「不動産・物品賃貸業」である。
4）2021年度における業種別の開廃業の状況を見た場合、開業率と廃業
率がともに高く、事業所の入れ替わりが盛んな業種は、「情報通信
業」「小売業」である。

・解説と解答・

1）不適切である。2020年1月から2023年2月末までの新型コロナウイルス関
連経営破たん件数の月別推移をみると、2021年2月以降は毎月100件を超
える水準、2022年9月以降は毎月200件を超える水準で推移し、2023年2
月に最多の249件の破たんが判明した。なお、2020年1月から2023年2月
末までに集計された新型コロナウイルス関連経営破たんの判明件数が多い
業種は上位から、「飲食業（848件）」「建設業（618件）」「食品卸売（228
件）」「ホテル、旅館（166件）」「食品製造（164件）」「アパレル小売（155
件）」であった。
2）不適切である。中小企業の資金繰りDIは、新型コロナウイルス感染症の
影響により2020年第2四半期に大きく低下した後、回復傾向が続き、2022
年第2四半期には新型コロナウイルス感染症の流行前の水準まで回復した
が、その後は低下傾向がみられる。
3）適切である。「海外展開をしている」と回答した割合が高い業種は上位か
ら「製造業（19.3％）」「卸売業（12.0％）」「情報通信業（8.9％）」であり、

割合が低い業種は「不動産・物品賃貸業（2.0％）」「小売業（2.3％）」「建設業（2.4％）」であった。

4）不適切である。2021年度における業種別の開廃業率をみると、開業率と廃業率がともに高い業種は、「宿泊業、飲食サービス業」「生活関連サービス業、娯楽業」であった。なお、開業率が高い業種は上位から「宿泊業、飲食サービス業」「生活関連サービス業、娯楽業」「情報通信業」であり、廃業率が高い業種は上位から「宿泊業、飲食サービス業」「生活関連サービス業、娯楽業」「小売業」であった。また、開業率と廃業率がともに低い業種は、「運輸業、郵便業」「鉱業、採石業、砂利採取業」「複合サービス事業」であった。

正解　3）

1－18　中小企業白書に基づく中小企業の動向Ⅱ

《問》中小企業の経営状況、動向等に関する次の記述のうち、中小企業庁
「中小企業白書（2023年版）」に照らし、最も不適切なものはどれ
か。

1）中小企業が賃上げの原資を確保するためには、取引適正化などを通
じた価格転嫁力の向上とともに、生産性向上に向けた投資を行う必
要がある。

2）中小企業の価格転嫁の状況をみると、労務費やエネルギー価格の価
格転嫁率に比べて、原材料の価格転嫁率が大きく下回っている。

3）中小企業の設備投資額は増加傾向にあるが、中小企業における設備
投資の目的としては、「維持更新」より「生産能力の拡大」や「製
品・サービスの質的向上」が重視される傾向がある。

4）中小企業において、イノベーションは競合他社との差別化や販路拡
大等につながるものであり、成長に向けた重要な取組みである。

・解説と解答・

1）適切である。中小企業の賃上げの動きは進みつつあるものの、賃上げが難
しい企業も一定程度存在する。日本商工会議所の調査によれば、2022年時
点で、賃上げを実施した企業と、賃上げを実施していない企業（賃上げの
実施未定の企業を含む）は同程度となっている。中小企業が賃上げの原資
を確保するためには、取引適正化などを通じた価格転嫁力の向上ととも
に、生産性向上に向けた投資を行うことが重要である（中小企業庁「2023
年版 中小企業白書・小規模企業白書概要」）。

2）不適切である。中小企業においては、大企業と比べて価格転嫁ができてい
ないため、生産性（一人あたり名目付加価値額）が低迷している。足下で
は、中小企業の価格転嫁の状況は改善しつつあるが、労務費やエネルギー
価格の価格転嫁率は原材料の価格転嫁率より低くなっており、労務費やエ
ネルギー価格の転嫁が課題となっている（中小企業庁「2023年版 中小企
業白書・小規模企業白書概要」）。

3）適切である。中小企業が物価高や人手不足等の経営課題へ対応したり、賃
上げを実現したりするためには、投資の拡大やイノベーションの加速が重
要である。こうしたなかで、中小企業の設備投資額は増加傾向にあり、中

　　小企業における今後の設備投資の目的としては、「維持更新」より「生産
　　能力の拡大」や「製品・サービスの質的向上」が重視される傾向にある
　　（中小企業庁「2023年版 中小企業白書・小規模企業白書概要」）。
4）適切である。中小企業の経営者が成長意欲を持って果敢に挑戦し、イノ
　　ベーションにより生産性を向上させることが重要である（中小企業庁
　　「2023年版 中小企業白書・小規模企業白書概要」）。

<u>正解　2）</u>

1－19　業界動向に関する統計調査Ⅰ

《問》各種統計情報に基づく業界動向に関する次の記述のうち、最も適切なものはどれか。

1）財務省「法人企業統計調査（令和4年度）」によれば、2022（令和4）年度において売上高経常利益率が高い業種（金融業、保険業を除く）は、製造業では石油・石炭と食料品、非製造業では電気業と物品賃貸業である。

2）財務省「法人企業統計調査（令和4年度）」によれば、2022（令和4）年度において経常利益の前年度比増加率が低い業種は、製造業では輸送用機械と生産用機械、非製造業では運輸業・郵便業と卸売業・小売業である。

3）経済産業省「商業動態統計（2023年1月分月報）」によれば、卸売業販売額は、2021年、2022年において2年連続で前年比増加した。

4）経済産業省「商業動態統計（2023年1月分月報）」によれば、小売業販売額は、2021年、2022年において2年連続で前年比減少した。

・解説と解答・

1）不適切である。2022（令和4）年度における売上高経常利益率が高い業種は、製造業では業務用機械（13.4％）と化学（11.6％）、非製造業では不動産業（12.8％）と情報通信業（11.3％）である。一方、同年度における売上高経常利益率が低い業種は、製造業では石油・石炭（0.9％）と食料品（3.7％）、非製造業では電気業（▲1.4％）と物品賃貸業（1.1％）である。

2）不適切である。2022（令和4）年度における経常利益の前年度比増加率が高い業種は、製造業では輸送用機械（43.0％）と生産用機械（37.2％）、非製造業では運輸業・郵便業（217.6％）と卸売業・小売業（23.1％）である。一方、同年度における経常利益の前年度比増加率が低い業種は、製造業では石油・石炭（▲79.9％）と情報通信機械（▲19.0％）、非製造業では電気業（▲286.0％）と物品賃貸業（▲55.3％）である。

3）適切である。2021年の卸売業販売額は前年比12.6％増、2022年の卸売業販売額は前年比7.3％増と2年連続の増加がみられた。

4）不適切である。2021年の小売業販売額は前年比2.7％増、2022年の小売業販売額は前年比2.6％増と2年連続の増加がみられた。　　　<u>正解　3）</u>

1－20　業界動向に関する統計調査Ⅱ

> 《問》各種統計情報に基づく業界動向に関する次の記述のうち、最も適切なものはどれか。
> 1）厚生労働省「令和4（2022）年医療施設（動態）調査・病院報告」の病床の規模別にみた施設数によれば、病床100以上の病院の割合は病院総数の50％を下回っている。
> 2）厚生労働省「令和5（2023）年度介護事業経営実態調査」によれば、訪問介護の事業において、訪問介護施設の収入に占める給与費の割合は、2022（令和4）年度決算で70％を上回っている。
> 3）国土交通省「建築着工統計調査報告（令和4年計）」によると、新設住宅着工戸数は、2019（令和元）年から2022（令和4）年にかけて4年連続して前年比減少した。
> 4）総務省「サービス産業動向調査年報2022年（令和4年）」によると、2022年のサービス産業全体での年平均事業従事者数は、人手不足を要因として前年比減少した。

・解説と解答・

1）不適切である。病床100未満の病院の割合は病院総数の36.1％（病床50未満11.1％＋病床50以上100未満25.0％）であり、病床100以上の病院の割合は病院総数の63.9％である。

2）適切である。訪問介護の事業においては、訪問介護施設の収入に対する給与費の割合は、2022（令和4）年度決算で72.2％である。

3）不適切である。新設住宅着工戸数（持家、貸家、給与住宅、分譲住宅の総計）は、2019（令和元）年から前年比減少傾向となっていたが、2021（令和3）年度より上昇に転じている。

4）不適切である。2022年において、サービス産業全体での年平均事業従事者数は、前年比増加した（＋0.2％）。内訳として、産業大分類に基づく各産業別の年平均事業従事者数の前年比増減率は、「情報通信業」（1.7％）、「運輸業、郵便業」（▲0.6％）、「不動産業、物品賃貸業」（0.0％）、「学術研究、専門・技術サービス業」（0.9％）、「宿泊業、飲食サービス業」（1.0％）、「生活関連サービス業、娯楽業」（▲0.7％）、「教育、学習支援業」（▲0.1％）、「医療、福祉」（0.0％）、「サービス業（他に分類されないもの）」（0.0％）である。

正解　2）

1−21　製造業に対する理解

《問》製造業の特性・傾向に関する次の記述のうち、最も不適切なものは
どれか。
1) 海外現地生産の形態としての委託生産方式とノックダウン方式を比
較した場合、技術やノウハウが流出するリスクが高いのは委託生産
方式である。
2) ものづくりベンチャーの場合、自社で生産技術を保有する一方で、
生産設備を保有しないケースが多いため、大量発注を受けての量産
を得意とする企業が有力パートナーとなりえる。
3) 下請中小企業同士が連携して事業に取り組む場合、一定の要件を充
足すれば、下請中小企業振興法に基づく支援を受けられる。
4) デジタル化の進展により、製造業の競争力の源泉は、エンジニアリ
ング・チェーン（製造プロセス）のうちの研究開発、製品設計と
いった上流工程にシフトしつつある。

・解説と解答・

1) 適切である。「委託生産方式」とは、自社製品を海外現地企業へ委託して
生産する形態である。一方、「ノックダウン方式」とは、製品の主要部品
を日本から輸出して、現地で組み立て、生産を行う形態である。

2) 不適切である。ものづくりベンチャーは、自社で生産技術や設備をもたな
いケースが多いため、①試作品の製造段階における資金面やプロジェクト
全体の事業計画策定等でつまずく、②量産化のための試作品やラインの選
定でつまずく、という2つの障壁に直面しやすい。このため、量産化試作
や小ロット量産を得意とする企業をパートナーにできるよう仲介すること
が有力なサポートとなる。

3) 適切である。下請中小企業には高い技術力を有する企業が少なくないもの
の、商取引が特定の分野に限定されることがネックとなることが多い。そ
こで下請中小企業同士が連携することで強みとなる分野が広がり、課題を
解決しやすくなる。中小企業庁は、下請中小企業の今後の対応として、①
下請中小企業の自立化、②課題解決型ビジネスの展開（取引先へ提案強
化）、③企業連携の活用という3つの方向性を示している。③について
は、下請中小企業振興法に基づく「特定下請連携事業計画」で認定される

と、各種の支援措置が受けられる。

4）適切である。経済産業省「製造業DXレポート～エンジニアリングの
ニュー・ノーマル（令和2年3月）」によると、開発時間と製品が持つ価
値を図式化すると、上流工程で製品の価値が決まるため、上流工程でいか
に作り込むかが鍵を握ることが一般的に理解されている。なお、従来は後
工程で行われていた品質や目標原価の確保を上流工程において前倒しで進
める手法をフロントローディングという。

<u>正解　2）</u>

〈参考〉業種の特性を理解する意義

商品特性、商品流通の流れ、業界を規制する法律・制度、業界構造等は、業
種によって大きく異なる。中小企業・小規模事業者の事業性評価や事業者支援
を効果的に行うにあたっては、2023年3月に金融庁が公表した「業種別支援の
着眼点」などを活用し、対象となる企業が属する業種や、その業種の特性を理
解することが重要である。

1－22　流通・飲食・サービス業に対する理解

《問》流通・飲食・サービス業の特性・傾向に関する次の記述のうち、最も不適切なものはどれか。

1）一般に、大手フランチャイズ加盟のコンビニエンスストアが本部に支払うロイヤルティは、「売上高×ロイヤルティ率」により計算されることが多い。

2）医薬品を販売する小売店舗は、「医薬品、医療機器等の品質、有効性及び安全性の確保等に関する法律」（医薬品医療機器等法）に基づき、調剤を行う場合には「薬局」の許可を、調剤を行わない場合には「店舗販売業」の許可を取得する必要がある。

3）飲食業の費用構造を評価する際の代表的な指標であるFL比率とは、売上高に占める食材原価および人件費の割合を示している。

4）受託開発ソフトウェア業の場合、受託した開発案件の進捗度に応じて売上が発生し、売上発生に伴ってコストが発生するため、コストは変動費の性格を有する傾向がある。

・解説と解答・

1）不適切である。「売上総利益×ロイヤルティ率」で計算されることが多い。売上総利益を算出する際に廃棄ロスや棚卸ロスを売上原価から控除して売上総利益を算出するケースでは、売上総利益の増加に伴い営業経費であるロイヤルティも増えるため、ロスが多いほどフランチャイジー（加盟店）の営業利益は少なくなる。

2）適切である。医薬品医療機器等法（旧薬事法）にドラッグストアの定義はないが、ドラッグストアは、医薬品を販売する小売店舗という意味で「薬局」あるいは「店舗販売業」の許可を取得する必要がある。なお、2014年6月改正薬事法施行により、薬局または店舗以外の場所にいる者への販売・授与を行う「特定販売」が規定され、特定販売の方法等が細かく定められた。

3）適切である。FL比率とは、売上高に占める食材原価および人件費の割合であり、「F」は「食材原価（Food）」、「L」は「人件費（Labor）」で、いずれも飲食店のコストで大きな割合を占めるものを指す。さらに、「家賃（Rent）」も加え、売上高に占める食材原価・人件費・家賃の割合を示し

たものをFLR比率という。

4）適切である。受託開発ソフトウェア業は、事業としての初期費用がほとんど発生せず、コストは売上に比例して増加する傾向が強い。一方、パッケージソフトウェア業の場合、オリジナルのソフトウェアパッケージを開発する際に、相応の初期費用を要するため、当初は赤字となりやすい。

正解　1）

1−23　旅館・ホテル業に対する理解

《問》旅館・ホテル業の特性・傾向に関する次の記述のうち、最も不適切なものはどれか。

1）旅館業を経営するためには、旅館業法に基づき都道府県知事（保健所設置市または特別区にあっては、市長または区長）の許可が必要である。

2）観光庁「宿泊旅行統計調査」によると、2022（令和4）年の施設タイプ別客室稼働率をみた場合、「旅館」「リゾートホテル」「ビジネスホテル」「シティホテル」のうち、客室稼働率が最も高いのは「ビジネスホテル」である。

3）観光庁「宿泊旅行統計調査」によると、新型コロナウイルス感染症拡大前の2019（令和元）年と2022（令和4）年の宿泊者数を対比した場合、日本人延べ宿泊者数は2022年の方が多く、外国人延べ宿泊者数は2019年の方が多い。

4）厚生労働省「旅館業の実態と経営改善の方策（令和元年6月）」における「宿泊申込方法の状況」によると、旅館、ホテルともに、電話（郵便）による予約の割合が最も高くなっている。

・解説と解答・

1）適切である。旅館業法では、旅館業を「宿泊料を受けて人を宿泊させる営業」と定義している。また、旅館業法では旅館業を「旅館・ホテル営業」「簡易宿所営業」「下宿営業」の3類型に分けて規制している。

2）適切である。2022（令和4）年の施設タイプ別客室稼働率は旅館（33.1％）、リゾートホテル（43.4％）、ビジネスホテル（56.7％）、シティホテル（50.1％）である。なお、簡易宿所も含めた宿泊施設全体の客室稼働率は、46.6％（前年比12.3％増）である。

3）不適切である。2022（令和4）年において、日本人延べ宿泊者数、外国人延べ宿泊者数ともに、新型コロナ感染症拡大前の2019（令和元）年の水準を下回った。2022（令和4）年において、日本人延べ宿泊者数は4億3,396万人（対2019年比▲9.6％）、外国人延べ宿泊者数は1,650万人（対2019年比▲85.7％）である。

4）適切である。旅館、ホテルともに、「電話（郵便）による予約」の割合が最も高くなっている。

<u>正解　3）</u>

1-24　建設業に対する理解

> 《問》建設業の特性・傾向に関する次の記述のうち、最も不適切なものは
> どれか。
> 1) 財務省「法人企業統計調査（令和4年度）」によれば、建設業の売
> 上高営業利益率は、不動産業より低い傾向にある。
> 2) 中小工務店では、工事施工中の下請業者への外注費や材料費の立替
> 払いが生じることがあるため、施主からの工事代金入金までの運転
> 資金の手当てが必要になることが一般的である。
> 3) 公共工事を元請する建設業者が「経営事項審査」の総合評定値を高
> め、「総合評価落札方式」における落札率を高めるためには、技術
> 提案力や工事成績等の向上に取り組む必要がある。
> 4)「一般建設業許可」を受けた建設業者は、発注者から直接請け負う
> 建設工事について、請負額の半分を超えない範囲で、下請業者と下
> 請契約を締結することができる。

・解説と解答・

1) 適切である。財務省「法人企業統計調査（令和4年度）」によれば、2022
（令和4）年度において建設業の売上高営業利益率は4.0％、不動産業の売
上高営業利益率は10.1％となっている。建設業の売上高営業利益率が不動
産業より低い傾向は、近年において変わっていない。

2) 適切である。

3) 適切である。建設業者が公共工事を直接請け負うためには、建設業法に規
定された「経営事項審査」を受けなければならない。また、公共工事の入
札において、現在の主流は価格以外の要素も含めて総合的に評価する「総
合評価落札方式」である。特に国土交通省直轄工事の落札においては、技
術提案や工事成績を高く評価する方針が示されている。

4) 不適切である。建設業の許可には「一般建設業許可」と「特定建設業許
可」がある。「一般建設業許可」を受けた建設業者は、発注者から直接請
け負う1件の建設工事につき、下請発注額の合計額が4,000万円未満（建
築一式工事については同6,000万円未満）であれば下請契約を締結できる。

正解　4)

1－25　医療・介護事業に対する理解

《問》医療・介護事業の特性・傾向に関する次の記述のうち、最も不適切なものはどれか。

1) 2015年度から導入された地域医療構想（ビジョン）に基づき、地域に散在する医療機関の整理・統合が推進され、すべての医療機関の機能の均質化が進んでいる。
2) 病院経営における医業費用のうち、最も高い割合を占めるのが「人件費」であり、それ以外の主要な経費として「材料費」「委託費」「減価償却費」がある。
3) 介護保険の指定事業者の主たる収益は介護報酬であり、介護報酬は、サービスの種類に応じた単価が決まっている。
4) 介護保険の「特定施設入居者生活介護」の指定を受けた「サービス付高齢者向け住宅」においては、施設スタッフが介護サービスを提供できる。

・解説と解答・

1) 不適切である。2014年6月制定の「地域における医療及び介護の総合的な確保の促進に関する法律」（医療介護総合確保推進法）に基づき、都道府県は地域の状況に応じて医療機能の分化を推進し、効率的かつ効果的な医療提供体制の確保を目指している。2015年度から地域医療構想（ビジョン）が導入され、団塊の世代が75歳になる2025年の地域の状況に応じた医療機能の分化が推進されている。この場合の医療機能とは「高度急性期機能」「急性期機能」「回復期機能」「慢性期機能」に分けられる。
2) 適切である。ちなみに、「材料費」には医薬品や診療材料費等が含まれ、「委託費」には検査委託や保守管理委託等が含まれる。
3) 適切である。介護報酬の制約により、おのずと収益の上限が決まり、その範囲内で費用を賄う必要が生じる。介護保険の指定事業者は、介護サービス提供月の翌月10日までに審査支払機関に対して請求を行い、介護報酬の支払いは原則としてサービス提供月の翌々月となる。
4) 適切である。「特定施設入居者生活介護」の指定を受けていない「サービス付高齢者向け住宅」においては、外部の介護事業者と介護保険の契約を結び、介護保険サービスを利用することになる。「サービス付高齢者向け

住宅」は、「高齢者の居住の安定確保に関する法律」（高齢者居住安定法）の改正により創設された賃貸住宅の形態で、2023年12月末時点で8,257棟、285,267戸が登録されている。

<u>正解　1）</u>

52

1−26　地方創生 I

《問》地方創生に関連する次の記述のうち、最も不適切なものはどれか。
1）地域資源を活用した農林漁業者等による新事業の創出等及び地域の
　農林水産物の利用促進に関する法律は、地域資源を活用した農林漁
　業者等による新事業の創出等の取組みを支援し、農林漁業の6次産
　業化及び地産地消を総合的に推進するための法律である。
2）農林水産物・食品などの「地域ブランド産品」の名称に用いられる
　「地理的表示」を知的財産として保護する「地理的表示保護制度」
　により、地域の特産品のブランディングが期待される。
3）日本版MICEは、マーケティングに基づく観光戦略の策定・推進
　や、地域内の幅広い関係者との合意形成など、観光事業のマネジメ
　ントを担う役割を期待されている。
4）内閣府が示した「地方創生SDGs金融フレームワーク」とは、地域
　事業者、地方公共団体、地域金融機関、その他のステークホルダー
　が連携し、自律的好循環（資金の還流と再投資）を形成するための
　枠組みである。

解説と解答

1）適切である。地域資源を活用した農林漁業者等による新事業の創出等及び
　地域の農林水産物の利用促進に関する法律（6次産業化・地産地消法）の
　目的は、以下の通りである。

> 地域資源を活用した農林漁業者等による新事業の創出等（注釈：6次
> 産業化）に関する施策及び地域の農林水産物の利用の促進（注釈：地
> 産地消）に関する施策を総合的に推進することにより、農林漁業等の
> 振興等を図るとともに、食料自給率の向上等に寄与すること

2）適切である。「地理的表示保護制度」は、「特定農林水産物等の名称の保護
　に関する法律」（地理的表示法）に基づき、2015年6月に導入された。農
　林水産大臣が審査のうえ、要件を満たすものはその名称を「地理的表示」
　として登録し、「GIマーク」を使うことが認められている。「GI」とは「地
　理的表示」を英語表記したGeographical Indicationの頭文字をとったもの

である。登録された地理的表示の具体例として、「神戸ビーフ」「夕張メロン」「くまもと県産い草」等がある。

3）不適切である。本選択肢に記載された役割を担うのは、日本版MICEではなく、観光地域づくり法人（DMO）である。DMOは、観光事業のマネジメントを担う機能・組織であり、海外の観光先進地域ではDMOが重要な役割を果たしている。

　　MICEとは、企業等の会議（Meeting）、企業等の行う報奨・研修旅行（Incentive Travel）、国際機関・団体や学会等が行う国際会議（Convention）、展示会・見本市やイベント（Exhibition/Event）の頭文字をとった言葉であり、多くの集客が見込まれ、経済効果の大きいビジネス関連イベントの総称である。

4）適切である。内閣府が示した「地方創生SDGs金融フレームワーク」とは、地域事業者、地方公共団体、地域金融機関、機関投資家・大手銀行・証券会社、上場企業等のステークホルダーが連携し、地方創生SDGs金融を通じた自律的好循環（資金の還流と再投資）を形成するための枠組みである。地方創生SDGs金融フレームワークを実行するため、以下の3つのフェーズが示されており、この3つのフェーズは段階的に進むだけでなく、必要に応じて同時並行に進めることが望ましいと指摘されている。
・フェーズ1：地域事業者のSDGs達成に向けた取組の見える化
・フェーズ2：SDGsを通じた地域金融機関と地域事業者の連携促進
・フェーズ3：SDGsを通じた地域金融機関等と機関投資家・大手銀行・証券会社等の連携促進

<u>正解　3）</u>

1 −27　地方創生 II

《問》地方創生に関する次の記述のうち、最も不適切なものはどれか。
　1 ）内閣官房デジタル田園都市国家構想実現会議事務局が支援する「地域商社事業」に関して、地域商社等の地域ビジネスに高い関心を有する人材の発掘・ネットワークの形成支援に取り組むプラットフォームとして、「地域商社ネットワーク」サイトが設立された。
　2 ）「地域経済分析システム（RESAS）」の「産業構造マップ」メニューのうち、「全産業」に関する集計機能を活用することにより、産業別の企業数、従業者数、売上高、付加価値額、事業所数の構成を、都道府県・市区町村単位で確認できる。
　3 ）「地域経済分析システム（RESAS）」の「産業構造マップ」メニューに含まれる分析機能を活用し、特定の産業に対する新たな需要が全産業に与える影響の程度、全産業に対する新たな需要により当該産業が受ける影響の程度を確認できる。
　4 ）「デジタル田園都市国家構想」とは、デジタルの力で、地方の個性を活かしながら社会課題の解決と魅力の向上を図ることにより、「地方に都市の利便性を、都市に地方の豊かさを」を実現して、全国どこでも誰もが便利で快適に暮らせる社会を目指すものである。

・解説と解答・

1 ）適切である。「地域商社事業」とは、地域の優れた産品・サービスの販路を新たに開拓することで、従来以上の収益を引き出し、そこで得られた知見や収益を生産者に還元するものである。地域商社ネットワークサイトには、全国各地で活躍する地域商社や、自治体や金融機関等のビジネスパートナーだけでなく、今後地域商社を起業する予定者が入会できる。

2 ）適切である。「地域経済分析システム（RESAS）」の「産業構造マップ」メニューのうち、「全産業」−「全産業の構造」の機能を活用することにより、産業別の企業数（企業単位）、従業者数（企業単位・事業所単位）、売上高（企業単位）、付加価値額（企業単位）、事業所数の産業別の構成（数・額・構成比）を、都道府県・市区町村単位で確認できる。

3 ）不適切である。「地域経済分析システム（RESAS）」の「地域経済循環マップ」メニューのうち、「生産分析」−「影響力・感応度分析」の機能を活

用することにより、特定の産業に対する新たな需要が、全産業（調達先）に与える影響の程度（影響力係数）、全産業に対する新たな需要により当該産業が受ける影響の程度（感応度係数）を散布図で確認することができ、どの産業を振興するかを検討することにつながる。具体的には、「＜第1象限＞地域経済を牽引する主力産業群」、「＜第2象限＞主力産業群に牽引されて経済波及効果が見込める産業群」、「＜第3象限＞他産業との連関性が低く、経済波及効果が低い産業群」が明らかになる。

4）適切である。

正解　3）

1－28　金融機関に求められるコンサルティング機能 I

《問》金融庁「中小・地域金融機関向けの総合的な監督指針」に照らし、地域金融機関が顧客企業に対して発揮すべきコンサルティング機能に関する次の記述のうち、最も不適切なものはどれか。

1）地域金融機関は、資金供給者としての役割のほか、コンサルティング機能を発揮することにより、顧客企業の事業拡大や経営改善等に向けた自助努力を支援していく役割も求められている。

2）地域金融機関がコンサルティング機能を発揮するためには、顧客企業の経営目標や経営課題が曖昧または不明確であったとしても、顧客企業向けのソリューションを提案・実行する必要がある。

3）創業・新事業開拓を目指す顧客企業に対して、技術力・販売力や経営者の資質等を踏まえて新事業の価値を評価したうえで資金調達支援を行うことは、地域金融機関によるコンサルティング機能の発揮の一例といえる。

4）地域金融機関は、顧客企業の経営目標の実現や経営課題の解決に向けて、顧客企業のライフステージを見極めたうえで、当該ライフステージに応じたソリューション提案を行う必要がある。

・解説と解答・

1）適切である。金融庁「中小・地域金融機関向けの総合的な監督指針」II－5－2－1前文には、次のとおり記載されている。

地域金融機関は、資金供給者としての役割にとどまらず、長期的な取引関係を通じて蓄積された情報や地域の外部専門家・外部機関等とのネットワークを活用してコンサルティング機能を発揮することにより、顧客企業の事業拡大や経営改善等に向けた自助努力を最大限支援していくことが求められている。（中略）地域金融機関のコンサルティング機能は、顧客企業との日常的・継続的な関係から得られる各種情報を通じて経営の目標や課題を把握・分析した上で、適切な助言などにより顧客企業自身の課題認識を深めつつ、主体的な取組みを促し、同時に、最適なソリューションを提案・実行する、という形で発揮されることが一般的であるとみられる。

2）不適切である。上記 1 ）の解説を参照。一般に、地域金融機関のコンサル
　ティング機能は、地域金融機関自身が顧客企業の経営目標や経営課題を把
　握・分析したうえで、最適なソリューションを提案・実行する、という形
　で発揮される。

3）適切である。地域金融機関は、「創業・新事業開拓を目指す顧客企業」に
　対して、技術力・販売力や経営者の資質等を踏まえて新事業の価値を見極
　めたうえで、公的助成制度の紹介やファンドの活用を含めた資金調達支援
　を行うことを検討する必要がある。

4）適切である。金融庁「中小・地域金融機関向けの総合的な監督指針」Ⅱ－
　5 － 2 － 1 (2)には、次のとおり記載されている。

顧客企業の経営目標の実現や経営課題の解決に向けて、顧客企業のラ
イフステージ等を適切かつ慎重に見極めた上で、当該ライフステージ
等に応じて適時に最適なソリューションを提案する。その際、必要に
応じ、顧客企業の立場に立って、他の金融機関、信用保証協会、外部
専門家、外部機関等と連携するとともに、国や地方公共団体の中小企
業支援施策を活用する。

正解　2）

1-29　金融機関に求められるコンサルティング機能Ⅱ

《問》金融庁「中小・地域金融機関向けの総合的な監督指針」に照らし、地域の面的再生や地域産業の下支えへの積極的な参画、地域や利用者に対する積極的な情報発信に関する次の記述のうち、最も不適切なものはどれか。

1）地域金融機関は、成長分野の育成や産業集積による高付加価値化などの地域の面的再生に向けた取組みや地域産業、顧客企業を下支えし、地域経済の回復・成長に貢献する取組みに積極的に参画することを期待されている。

2）地域金融機関は、自らが貢献可能な分野や役割を検討し、例えば、地方公共団体による地域活性化に関するプロジェクトに対して情報・ノウハウ・人材を提供すること、地方公共団体や中小企業関係団体等と連携しながら地域的・広域的な活性化プランを策定すること等により、地域の面的再生や地域産業の下支えに向けて積極的な役割を果たしていく必要がある。

3）地域金融機関は、地域の面的再生や地域産業の下支えへ参画する際にコストや採算を考慮しないことを求められており、地域の発展や成長が実現されてはじめて自らの収益力や財務の健全性が実現されるものと認識する必要がある。

4）地域金融機関は、地域の面的再生や地域産業の下支えへの積極的な参画に関する取組みや顧客企業の経営状況に応じたソリューションや経営改善・事業再生支援に関する取組みを積極的に発信し、自らの経営基盤である地域の経済や社会に対して責任ある立場を保持し続けるという意思を表明することにより、利用者の信頼や支持を高めていく必要がある。

・解説と解答・

1）適切である（金融庁「中小・地域金融機関向けの総合的な監督指針」Ⅱ-5-2-2）。

2）適切である（金融庁「中小・地域金融機関向けの総合的な監督指針」Ⅱ-5-2-2）。

3）不適切である。地域金融機関は、地域の面的再生や地域産業の下支えへの

参画に際して、コストを無視した地域貢献までを求められているものではない。地域金融機関は、コストとリスクを適切に把握しつつ、中長期的な視点に立って、自らの経営基盤である地域の面的再生や地域産業の下支えに積極的に取り組むことにより、収益力や財務の健全性の向上につなげていくことが重要であるとされている（金融庁「中小・地域金融機関向けの総合的な監督指針」Ⅱ－5－2－2）。

4）適切である（金融庁「中小・地域金融機関向けの総合的な監督指針」Ⅱ－5－2－3）。

正解　3）

1-30　企業価値の向上と人的資本

《問》経済産業省「人的資本経営の実現に向けた検討会報告書～人材版伊
　　藤レポート2.0～（令和4年5月）」においては、人的資本経営を実
　　践する際に最も重要な視点は、「経営戦略と人材戦略の連動」であ
　　ると指摘されている。「経営戦略と人材戦略の連動」に関する次の
　　記述のうち、最も適切なものはどれか。
1）持続的に企業価値を向上させるために必要な「経営戦略と人材戦略
　　の連動」とは、経営戦略と人材戦略の相互の独立性を確保したうえ
　　で、経営戦略と人材戦略を同時に実行することを指す。
2）「経営戦略と人材戦略を連動させるための取組」のなかで最も重要
　　なステップは、経営陣の一員として人材戦略の策定と実行を担う責
　　任者の任命と、経営戦略実現の障害となる人材面の課題の抽出であ
　　る。
3）事業部門における事業単位の価値を最大化し、企業価値全体の向上
　　に寄与するためには、事業部門に対し、人事部門からの関与や支援
　　を受けることなく、当該事業部門の裁量において外部人材の採用や
　　部門内の再配置を行えるよう権限を付与する必要がある。
4）企業価値全体の向上に寄与する人材戦略を実践するためには、事業
　　部門が人事部門を支援することが不可欠であり、事業部門による支
　　援を有効なものとするためには、人事部門の経験を持つ事業部門の
　　社員を育成する必要がある。

・解説と解答・

　経済産業省が2020（令和2）年9月に公表した「持続的な企業価値の向上と
人的資本に関する研究会報告書～人材版伊藤レポート～（令和2年9月）」に
おいては、持続的な企業価値の向上を実現するためには、ビジネスモデル、経
営戦略と人材戦略が連動していることが不可欠である旨が指摘されている。ま
た、この人材版伊藤レポートは、人材戦略を俯瞰するための3つの視点
（Perspectives）、人材戦略を構成する5つの共通要素（Common Factors）に
ついて以下の通り示し、「3P・5Fモデル」を提唱した。

＜3つの視点（Perspectives）＞

 ①経営戦略と人材戦略の連動

 ②As is – To beギャップの定量把握

 ③企業文化への定着

＜5つの共通要素（Common Factors）＞

 ①動的な人材ポートフォリオ

 ②知・経験のダイバーシティ＆インクルージョン

 ③リスキル・学び直し

 ④従業員エンゲージメント

 ⑤時間や場所にとらわれない働き方

 さらに、経済産業省が2022（令和4）年5月に公表した「人的資本経営の実現に向けた検討会報告書～人材版伊藤レポート2.0～」（以下、「人材版伊藤レポート2.0」という）は、人材版伊藤レポートが示した内容を深掘り・高度化し、特に「3つの視点・5つの共通要素」という枠組みに基づいて、それぞれの視点や共通要素を人的資本経営で具体化させるためのポイントや有効となる工夫を示すものである。

1）不適切である。経営戦略と人材戦略は表裏一体（連動性・関連性を有するもの）であり、相互に独立性を有するものではない。人材版伊藤レポート2.0には、「経営戦略と人材戦略を連動させるための取組」に関して、以下の通り要約されている。

> 経営戦略と人材戦略を連動させるための取組
> ・（中略）持続的に企業価値を向上させるためには、経営戦略と表裏一体で、その実現を支える人材戦略を策定し、実行することが不可欠である。
> ・このような自社に適した人材戦略の検討に当たっては、経営陣が主導し、経営戦略とのつながりを意識しながら、重要な人材面の課題について、具体的なアクションやKPIを考えることが求められる。

2）適切である。人材版伊藤レポート2.0には、以下の通り記載されている。

> （中略）「経営戦略と人材戦略を連動させるための取組」の中でも、「CHROの設置」及び「全社的経営課題の抽出」が、最も重要なステップとなる。経営トップと人材戦略の責任者を中心に、対話を深め、課

題を抽出することが両戦略の連動につながる。（中略）

（注）CHRO：Chief Human Resource Officer

・CHROとは、経営陣の一員として人材戦略の策定と実行を担う責任者であり、社員・投資家を含むステークホルダーとの対話を主導する人材を指す。

・CHROは、人材戦略を自ら起案し、CEO・CFO等の経営陣、取締役と定期的に議論する。CHROが実効的な人材戦略を策定する上では、本社での戦略スタッフの経験とともに、事業側で成果責任を担った経験が有効となる。（中略）

・CEO・CHROは、「価値協創ガイダンス」等の統合的なフレームワークも活用しながら、経営戦略実現の障害となる人材面の課題を整理し、経営陣や取締役と議論する。その際、特に自社固有の優先課題と対応方針を示すとともに、改善の進捗状況も共有する。

3）不適切である。人材戦略に関する人事部門と事業部門の役割分担において、事業部門は、事業単位の価値の最大化を目的とした外部人材の採用や部門内の再配置の責任を担い、事業部門におけるこうした取組みを人事部門が支援する必要がある。人材版伊藤レポート2.0には、以下の通り記載されている。

人事と事業の両部門の役割分担の検証、人事部門のケイパビリティ向上

・CEO・CHROは、企業価値全体及び事業ごとの価値のそれぞれの向上を両立させるため、人事と事業の両部門の役割分担の在り方を検証し、取締役会に報告すべきである。

・その際の考え方として、企業価値全体の最大化を目的とするような、経営人材の育成や企業文化の浸透等の全社レベルで行う人事施策については、人事部門が行うべきものである。これに対し、事業単位の価値の最大化を目的とするような、外部からの採用や部門内の再配置は、事業部門が責任を負うものであり、人事部門はこれを支援する。

・人事部門による支援を有効なものとするため、事業部門経験を持つ人事部門の社員の育成に平時から努める。

4）不適切である。上記3）の解説を参照。人事部門と事業部門の役割分担において、全社レベルで行う人事施策は人事部門が行うべきものであり、事業単位の価値の最大化を目的とする外部人材の採用や事業部門内の再配置は事業部門が責任を負うべきものである。こうした役割分担のなかで、人事部門は事業部門の取組みを支援する必要があり、人材戦略に関する人事部門から事業部門に対する支援を有効なものとするためには、事業部門経験を持つ人事部門の社員の育成に平時から努める必要がある。

正解　2）

〈参考〉人材戦略に求められる3つの視点・5つの共通要素（3P・5Fモデル）

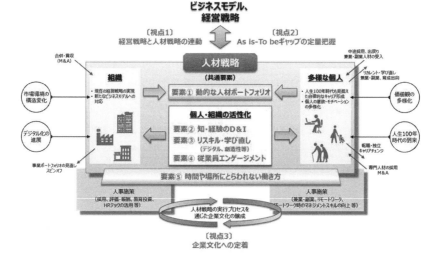

出典：経済産業省「持続的な企業価値の向上と人的資本に関する研究会 報告書
〜人材版伊藤レポート〜（令和2年9月）」

第 2 章

取引先企業の実態把握（定性分析・定量分析）

2－1　企業の基礎的事項の確認

《問》企業の全体像をつかむことを目的とした、経営理念、沿革、企業概要など「企業の基礎的事項」の確認は、企業の事業性把握の入口に位置する、重要なアプローチである。次の「企業の基礎的事項」と「把握すべき具体的項目」の組合せのうち、最も不適切なものはどれか。
1）「経営理念」↔「（企業の）設立の目的、経営方針、社会・顧客・従業員への浸透方法等」
2）「沿革」↔「資本金（税法上および中小企業基本法上の位置づけの確認）、大株主等」
3）「関係会社」↔「各関係会社の会社内容、投融資額、人的関係、事業の結びつき等」
4）「経営陣」↔「社長および主要役員の略歴・経営能力・人物像、役員間の結束状況、後継者の存在等」

・解説と解答・

1）適切である。一般に、経営理念については、設立趣旨書、社是、社史等で確認するほか、取引先企業に対するヒアリングで補うことも重要である。
2）不適切である。「沿革」について把握すべき具体的項目は、「設立の経緯、社名の変更、代表者の交代、事業内容の変遷、事業所・工場の設立・撤退、合併・営業譲渡の実施等」である。本選択肢の項目は、「資本関係」に関するものである。なお、一般に、沿革については、商業登記簿謄本、定款、社史、会社経歴書、会社パンフレット、会社ウェブサイト等により確認する。
3）適切である。一般に、関係会社の情報は会社パンフレット、会社ウェブサイト、財務諸表等により確認する。
4）適切である。一般に、経営陣については、商業登記簿謄本、社史、会社経歴書、会社パンフレット、会社ウェブサイト、経営者略歴等により確認する。

<u>正解　2）</u>

2－2　定性要因からみた企業の業績悪化の兆候

《問》定性要因に基づく企業の実態把握に関する次の記述のうち、最も適切なものはどれか。

1）同業者から当座預金に振り込まれた資金が支払手形決済に充当されたときには、架空売上が計上されている疑いがある。

2）仕入先に対して、買掛金のサイトを短縮する見返りとして、仕入コストの値引きを要請する行動は、企業の業績悪化の兆候と考えられる。

3）突発的な融資申込み、金融機関側に有利な条件での融資申込み等は、企業の業績悪化の兆候と考えられるほか、他の金融機関の融資姿勢の変化の兆候とも考えられる。

4）企業の業績悪化の兆候を把握しようとする場合、役職員へのヒアリングや工場訪問等により得られた定性的情報と、財務諸表に基づく定量的情報は、それぞれ独立して分析を行う必要がある。

・解説と解答・

1）不適切である。同業者から当座預金へ振り込まれた資金を元手に支払手形決済が行われたときには、融通手形を振り出している可能性を疑うべきである。こうした支払手形の決済と粉飾との間には直接的な関連性はない。

2）不適切である。現金仕入や、買掛金のサイト短縮の見返りとして仕入コストの値引きを要請する行動は商取引として合理的であり、企業の業績悪化の兆候と必ずしも考えられない。なお、買掛金を支払期日より前に支払うことにより、本来の期日から早まった期間に応じて、その利息に相当する額を支払金額から割引することを「仕入割引」という。

3）適切である。

4）不適切である。企業の業績悪化の兆候を把握するためには、経営者や従業員の動向、工場の稼働状況、同業者間の噂、集客状況等に関する定性的情報を、財務諸表の諸計数等の定量的情報と関連づけて分析する必要がある。

正解　3）

2－3　損益計算書

《問》損益計算書上の問題点がないか分析する際の観点として、次のうち
　　　最も不適切なものはどれか。
　1）短期借入金や長期借入金の資金使途や増減要因に問題はないか。
　2）仕入高と売上高の推移は、バランスがとれているか。
　3）売上高と営業利益の推移は、バランスがとれているか。
　4）業界平均と対比して、売上高の推移に疑問はないか、架空売上高を
　　　計上している兆候はないか。

解説と解答

1）不適切である。短期借入金や長期借入金の資金使途や増減要因の分析は、
　　貸借対照表に基づいて実施する事項である。
2）適切である。
3）適切である。
4）適切である。

正解　1）

2－4　B/S、P/L、C/F計算書の関係

《問》貸借対照表および損益計算書の項目とキャッシュフロー計算書との
　　関係に関する次の記述のうち、最も適切なものはどれか。なお、本
　　問におけるキャッシュフロー計算書は間接法により作成されている
　　ものとし、税金の影響を考慮する必要はないものとする。
1）減価償却費は、キャッシュフロー計算書において、「営業活動によ
　るキャッシュフロー」の区分におけるマイナスの金額として表示さ
　れる。
2）設備投資のための支出は、資金調達の方法にかかわらず、キャッ
　シュフロー計算書において、「投資活動によるキャッシュフロー」
　の減少要因となる。
3）固定資産の売却は、売却損が発生する場合に限り、キャッシュフ
　ロー計算書において、「投資活動によるキャッシュフロー」の減少
　要因となる。
4）借入金による資金調達および借入金の返済は、いずれもキャッシュ
　フロー計算書において、「投資活動によるキャッシュフロー」の区
　分に表示される。

・解説と解答・

1）不適切である。減価償却費は、「営業活動によるキャッシュフロー」の区
　分にプラスの金額として表示される。
2）適切である。設備投資のための支出は、資金調達の方法にかかわらず（増
　資によるか、借入金によるか、自己資金によるかを問わず）、「投資活動に
　よるキャッシュフロー」の減少要因となる。
3）不適切である。固定資産の売却は、売却損益の有無にかかわらず、キャッ
　シュフロー計算書の「投資活動によるキャッシュフロー」の増加要因とな
　る。なお、この場合の増加額（影響額）は、売却損益の有無にかかわら
　ず、売却して得られた資金の額である。
4）不適切である。借入金の調達・返済は、「財務活動によるキャッシュフ
　ロー」の区分に表示される。このほか、社債の発行・償還、配当金の支払
　等も「財務活動によるキャッシュフロー」として表示される項目である。

正解　2）

2－5　資金繰り表

《問》2023年11月、12月におけるＡ社の資金繰り表は下記の〈資料〉のとおりである。〈資料〉から読み取ることのできるＡ社の資金繰り状況に関する次の記述のうち、最も不適切なものはどれか。

〈資料〉資金繰り表　　　　　　　　　（単位：百万円）

		11月	12月
前月繰越		62	76
収入	売掛金現金回収	170	172
	（売掛金手形回収）	(122)	(124)
	手形期日落	85	93
	手形割引	58	60
	（割引手形落込）	(52)	(53)
	計	313	325
支出	買掛金現金支払	153	140
	（買掛金手形支払）	(95)	(88)
	手形決済	86	83
	賃金給与	50	115
	諸経費	40	42
	設備支出	30	15
	計	359	395
差引過不足		16	6
財務収支	借入金	80	100
	借入金返済	20	20
翌月繰越		76	86

1）12月における売掛金の手形回収割合は、11月とほぼ同じである。

2）支払手形残高の増加額は、11月と比較して12月のほうが大きい。

3）12月末の手形割引残高は、10月末と比較して13百万円増加している。

4）10月末の借入残高が55百万円であった場合、12月末の借入残高は195百万円である。

・解説と解答・

1）適切である。売掛金の手形回収割合（％）は「売掛金手形回収高÷（売掛

金現金回収高＋売掛金手形回収高）×100％」により算出される。11月の手形回収割合は122百万円÷（170百万円＋122百万円）×100％≒41.8％、12月は124百万円÷（172百万円＋124百万円）×100％≒41.9％であるため、11月と12月の手形回収割合はほぼ同じである。

2）不適切である。11月の支払手形残高の増加額は、手形振出高（買掛金手形支払高）と手形決済高の差であることから、9百万円（＝95百万円－86百万円）の増加である。一方で、12月の増加額は、5百万円（＝88百万円－83百万円）であることから、11月の増加額のほうが大きい。

3）適切である。11月と12月の手形割引残高がそれぞれ58百万円、60百万円であるのに対して、割引手形落込高（手形割引のうち、借入金に充当された金額）は、それぞれ52百万円、53百万円であったので、12月末における手形割引残高は、10月末と比較して13百万円（＝58百万円－52百万円＋60百万円－53百万円）増加している。

4）適切である。11月と12月の借入金合計額は180百万円（＝80百万円＋100百万円）であり、借入金合計返済額は40百万円（＝20百万円＋20百万円）である。したがって、10月末の借入残高が55百万円であった場合、12月末の借入残高は、195百万円（＝55百万円＋180百万円－40百万円）である。

正解　2）

2－6　資金移動表

《問》2023年度におけるＡ社の資金移動表（抜粋）は、下記の〈資料〉の
とおりである。〈資料〉から読み取ることのできるＡ社の資金繰り
状況に関する次の記述のうち、最も不適切なものはどれか。なお、
経常収支比率の計算に際しては、％単位の小数点以下第２位を四捨
五入すること。

〈資料〉資金移動表　　　　　　　　　　　　　　（単位：百万円）

	支　　出			収　　入		
経常収支	仕入支出			売上収入		
	売上原価	290		売上高	500	
	在庫増加	16		売上債権増加	△60	440
	仕入債務増加	△4	302			
	その他営業支出					
	販売費及び一般管理費	134				
	減価償却費	△10				
	引当金増加	△6	118			
	営業外支出			営業外収入		
	営業外費用		25	営業外収益		3
	経常支出合計		445	経常収入合計		443
				（経常支出超過）		2
	合　　計		445	合　　計		445

1）経常利益は54百万円である。
2）所要運転資金は前期比で48百万円増加している。
3）販売費及び一般管理費に含まれている費用のうち、支出を伴わない
　　費用は16百万円である。
4）経常収支比率は99.6％である。

・解説と解答・

1）適切である。〈資料〉に基づき、Ａ社の損益計算書を作成すると、下表の
　　とおりとなり、Ａ社の経常利益は54百万円と算出される。

損益計算書	（単位：百万円）
売上高	500
売上原価	△290
売上総利益	210
販売費及び一般管理費	△134
営業利益	76
営業外収益	3
営業外費用	△25
経常利益	54

2 ）不適切である。所要運転資金増加額は、売上債権増加額60百万円＋在庫増加額16百万円－仕入債務増加額 4 百万円＝72百万円と算出される。

3 ）適切である。販売費及び一般管理費に含まれている費用のうち、支出を伴わない費用は、減価償却費10百万円＋引当金増加額 6 百万円＝16百万円である。

4 ）適切である。経常収支比率は、経常収入443百万円÷経常支出445百万円×100％≒99.55…＝99.6％と算出される。経常収支比率は企業の資金収支の健全性を示す指標であり、この値が100％未満であることは、支払超過状態にあり、資金繰りに支障をきたす状態であることを意味する。

正解　2 ）

2－7　キャッシュフロー計算書 I

《問》中小企業がキャッシュフロー計算書を作成する意義に関する次の記
　　述のうち、最も適切なものはどれか。
1）中小企業においては、キャッシュフロー計算書の「営業活動による
　　キャッシュフロー」の額が設備投資額の上限とされ、設備投資額の
　　多寡を判断する指標として有用である。
2）フリーキャッシュフローとは、企業が自由に使える現金のことをい
　　い、設備投資や各種税金の支払いの資金源となる。
3）中小企業が金融機関に提出するキャッシュフロー計算書は、金融機
　　関が担保や保証を適切に評価するために活用される。
4）キャッシュフロー計算書の各区分が増加傾向と減少傾向のいずれに
　　あるかは、企業の成長段階を判断する目安となる。

・解説と解答・

1）不適切である。キャッシュフロー計算書の「営業活動によるキャッシュフ
　　ロー」は、長期借入金の返済可能額を見積る際の1つの検討材料として有
　　用であるが、設備投資額の多寡を判断する基準とはならない。
2）不適切である。フリーキャッシュフローとは、企業が自由に使える現金を
　　意味し、一般にキャッシュフロー計算書における「営業活動によるキャッ
　　シュフロー」と「投資活動によるキャッシュフロー」の合計により算出さ
　　れる。
3）不適切である。金融機関の審査において、キャッシュフロー計算書は、担
　　保や保証を評価するための判断材料とはならない。
4）適切である。一般に、企業の位置する成長段階により、キャッシュフロー
　　計算書の各区分は下表のような増減傾向がみられることが知られている。

企業の成長段階	営業活動による キャッシュフロー	投資活動による キャッシュフロー	財務活動による キャッシュフロー
創業期	減少傾向	減少傾向	増加傾向
発展期	増加傾向	減少傾向	増加傾向
成熟期	増加傾向	減少傾向	減少傾向
衰退期	減少傾向	増加傾向	増加または減少傾向

正解　4）

2－8　キャッシュフロー計算書Ⅱ

《問》金融機関および中小企業がキャッシュフロー計算書を作成する意義
に関する次の記述のうち、最も適切なものはどれか。

1）キャッシュフロー計算書の「投資活動によるキャッシュフロー」
は、資金調達に関するキャッシュフローを示すものであり、中小企
業における借入れの実施、返済、社債の発行・償還などを確認する
ことができる。

2）キャッシュフロー計算書は、損益計算書上の利益の内訳を表してい
るため、中小企業の収益性に関する説明資料として有用である。

3）金融機関は、キャッシュフロー計算書を分析することにより、融資
先の中小企業におけるキャッシュフロー経営への転換を支援する一
環として、売上高最大化のためのアドバイスを行うことができる。

4）多くの金融機関ではキャッシュフロー重視の融資審査に移行しつつ
あるため、キャッシュフロー計算書は、中小企業が融資の申込みを
行う際に金融機関へ提出する書類として有用である。

・解説と解答・

1）不適切である。本選択肢の記載内容は、「財務活動によるキャッシュフ
ロー」の説明である。「投資活動によるキャッシュフロー」は、主に固定
資産の取得・売却に関するキャッシュフローを示すものであり、将来の利
益獲得および資金運用のために、どの程度の資金を支出したかまたは回収
したかを確認することができる。

2）不適切である。キャッシュフロー計算書は、会計上の利益の内訳を表すも
のではないため、事業の収益性に関する説明資料として有用とは考えられ
ない。

3）不適切である。キャッシュフロー経営への転換とは、売上高や利益の増加
を重視する経営から、キャッシュフローの増加（企業価値の向上）を重視
する経営へ移行することである。また、金融機関は、キャッシュフロー計
算書を分析することにより、融資先に対する財務面での支援の一環とし
て、キャッシュフロー改善のためのアドバイスを行うことができる。

4）適切である。

<u>正解　4）</u>

2－9　キャッシュフロー計算書Ⅲ

《問》X金融機関の融資担当者Yは、融資先A社からキャッシュフロー計算書（間接法、下記〈資料〉）の提出を受け、前期中に実行した運転資金を使途とした短期貸付金200百万円が、実際にどのように使われたのかをチェックしようとしている。A社のキャッシュフロー計算書に関する次の記述のうち、最も不適切なものはどれか。

〈資料〉キャッシュフロー計算書　　　　　　　　　　（単位：百万円）

営業活動による キャッシュフロー		投資活動による キャッシュフロー		財務活動による キャッシュフロー	
税引前当期純利益	100	有形固定資産取得 による支出	△140	短期借入れによる収入	200
減価償却費	5			配当金の支払額	△50
売上債権の増加額	△50	有形固定資産売却 による収入	10		
棚卸資産の増加額	△50				
仕入債務の増加額	50				
法人税等の支払額	△40				
合計	15	合計	△130	合計	150

1）正味運転資金の増加額は、運転資金の借入水準200百万円と比較して適正水準と考えられる。

2）投資活動によるキャッシュ・アウトフローが、営業活動によるキャッシュ・インフローの水準を大きく上回っているため、投資の回収可能性について検証する必要がある。

3）営業活動によるキャッシュフローを上回る水準の配当金を支払っており、かつ、その調達源泉が金融機関からの借入れと考えられる点で問題がある。

4）設備投資資金として長期借入金により調達すべき資金を、運転資金という名目で、短期借入金により賄っていると考えられる点で問題がある。

・解説と解答・

　貸付金の使途について、キャッシュフロー計算書を用いて確認する問題である。本問では、運転資金を使途とした貸付金が、設備投資や配当金として用い

られており、金融機関の融資として問題があるケースを扱っている。

1）不適切である。正味運転資金の増加額は下記のとおり50百万円と算出され、借入水準200百万円と比較すると少額である。このことから、貸付資金がその他の用途に使われたものと推測することができる。

　　正味運転資金増加額

　　＝売上債権増加額＋棚卸資産増加額－仕入債務増加額

　　＝50百万円＋50百万円－50百万円

　　＝50百万円

2）適切である。一般に、営業活動によるキャッシュ・インフローにより投資活動によるキャッシュ・アウトフローを賄う（回収する）ことが望ましい。したがって、融資担当者は、投資活動によるキャッシュ・アウトフローが営業活動によるキャッシュ・インフローを大きく超過している場合には、その要因や投資の回収可能性に注意しなければならない。なお、本問では、運転資金として融資した資金の一部が設備投資に流用されていると考えられ、金融機関の融資としても問題があるといえる。

3）適切である。

4）適切である。設備投資資金は回収に長期間を要するため、本来であれば長期借入金や自己資本で調達しなければならない。

<u>正解　1）</u>

2－10　営業キャッシュフロー減少の要因

《問》キャッシュフロー計算書（間接法）の「営業活動によるキャッシュフロー」（以下、「営業キャッシュフロー」という）が減少する要因に関する次の記述のうち、最も不適切なものはどれか。

1）売上高の減少、所要運転資金の増加、支出を伴う販売費及び一般管理費の増加は、いずれも営業キャッシュフローの減少要因である。

2）売上債権の増加、在庫の増加、仕入債務の減少は、いずれも営業キャッシュフローの減少要因である。

3）所要運転資金の増加額が損益計算書上の税引前当期純利益を上回っている場合は、営業キャッシュフローがマイナスとなる可能性がある。

4）のれんの償却費や固定資産の減価償却費が増加した場合、営業キャッシュフローの創出能力が低下したと捉える必要がある。

・解説と解答・

1）適切である。間接法の「営業活動によるキャッシュフロー」（以下、「営業キャッシュフロー」という）は、おおむね「営業利益＋非資金的費用＋金融収支－所要運転資金－法人税等の支払額」により算定され、このうち、営業利益は「売上高－売上原価－販売費及び一般管理費」により算定される。したがって、本選択肢の増減項目はすべて、営業キャッシュフローの減少要因に該当する。

2）適切である。いずれも所要運転資金の増加要因に該当し、営業キャッシュフローの減少要因に該当する。

3）適切である。営業キャッシュフロー（間接法）は、「税引前当期純利益＋減価償却費－所要運転資金－利息の支払額－法人税等の支払額」により算出される。したがって「税引前当期純利益＜所要運転資金」の場合、減価償却費が十分大きくない限り、営業キャッシュフローがマイナスとなる可能性がある。

4）不適切である。のれんの償却費や固定資産の減価償却費は、支出を伴わない費用であり、キャッシュフローに影響を及ぼさない。キャッシュフロー計算書を間接法により作成する場合、営業キャッシュフローの区分において、のれんの償却費や固定資産の減価償却費をプラス表示する（足戻し処

理を行う）が、これは単なる計算処理であり、キャッシュ残高または
キャッシュフローが増加したことを意味するものではない。したがって、
のれんの償却費や固定資産の減価償却費の増加は、営業キャッシュフロー
の創出能力の変化と直接の関連はない。

<u>正解　4）</u>

2－11 粉飾（決算操作）Ⅰ

《問》金融機関が債務者企業の実態把握を行うにあたっては、会計処理上の粉飾（決算操作）を見分ける必要がある。企業が行う会計処理上の粉飾（決算操作）に関する次の記述のうち、最も適切なものはどれか。

1）粉飾による利益の過大表示が行われた場合は、貸借対照表上の資産の過大表示または負債の過少表示が行われている。

2）企業が、決算処理に伴って棚卸資産を過少表示した場合、売上原価が過少表示され、当期の利益は過大表示される。

3）企業が売上除外を行う目的は、利益の過大表示と簿外現金の確保（裏金作り）を同時に実現することである。

4）在庫の水増しや架空在庫の計上は、流動比率、売上高総利益率、棚卸資産回転率が同時に上昇する要因となる。

・解説と解答・

1）適切である。利益の過大表示または過少表示が行われた場合、貸借対照表上および損益計算書上にて行われる可能性のある決算操作の組合せ（対応関係）は、下表①～⑧のとおりである。粉飾により利益の過大表示が行われた場合、財務諸表上にて①～④の決算操作のいずれかが行われたと考えられる。

利益の過大表示	利益の過少表示
①資産の過大表示、収益の過大表示	⑤資産の過少表示、収益の過少表示
②資産の過大表示、費用の過少表示	⑥資産の過少表示、費用の過大表示
③負債の過少表示、収益の過大表示	⑦負債の過大表示、収益の過少表示
④負債の過少表示、費用の過少表示	⑧負債の過大表示、費用の過大表示

2）不適切である。棚卸資産を過少表示した場合、売上原価（費用）が過大表示され、当期の利益は過少表示される。

3）不適切である。企業が売上除外（実際に発生した売上を売上高に計上しないこと）を行った場合、当期の利益は過少に表示され、当期の法人税等は減少するため、脱税または違法性のある行為に当たる。売上除外の対象となった売上債権を簿外資産とした場合は、実際に売上債権（売掛金、受取手形等）が回収された場合にも正規の帳簿に記帳せず、簿外現金作り（裏

金作り）として利用されることがある。また、売上除外の対象となった売上債権を、翌期に繰り延べて記帳した場合は、翌期の利益が増加する要因となるため、法人税等を翌期に繰り延べる効果が生じる。売上除外による税の繰延べも、脱税または違法性のある行為に当たる。

4）不適切である。在庫の水増しや架空在庫の計上は、棚卸資産の増加につながるため、棚卸資産回転率の低下要因（棚卸資産回転期間の長期化要因）となる。なお、棚卸資産の増加は、流動資産の増加および売上原価（売上原価率）の低下につながることから、流動比率（流動資産÷流動負債×100％）および売上高総利益率（1－売上原価率）の上昇要因である。

正解　1）

2 −12 粉飾（決算操作）Ⅱ

《問》金融機関が取引先企業の実態把握を行うにあたっては、会計処理上
の粉飾（決算操作）を見分ける必要がある。企業が行う会計処理上
の粉飾（決算操作）に関する次の記述のうち、最も不適切なものは
どれか。

1）売上高が増加しているにも関わらず、買掛金や未払金が減少傾向に
ある場合、当期の利益を過大表示している可能性がある。

2）来期の売上に計上すべき前受金を、当期の売上に繰り上げて計上し
た場合、当期の売上および利益は過大表示される。

3）実際には支払い済みの経費を仮払金や貸付金として資産計上した場
合、経費が過少表示されるため、当期の利益は過大表示される。

4）資産の過少表示による粉飾を行った場合、収益の過大表示または費
用の過少表示が同時に行われるため、利益が過大表示される。

・解説と解答・

1）適切である。売上高の増加が架空である、あるいは買掛金・未払金等の負
債が過少計上されている可能性がある。ただし、あくまでも可能性であ
り、年間売上が増加しても期末間際の月次売上が少ない場合には合理的な
変動である。

2）適切である。来期の売上に計上すべき前受金を今期の売上に繰り上げて計
上した場合、当期の売上および利益が過大表示される。さらに、来期の売
上分を当期に計上しているため、来期以降は売上および利益が過少表示さ
れ、問題が表面化するおそれがある。

3）適切である。損益計算書上の費用として計上すべき支出を、資産の取得と
して貸借対照表上に計上した場合、「資産の過大表示、費用の過少表示」
が行われ、当期の利益は過大表示される。

4）不適切である。資産の過少表示による粉飾を行った場合、収益の過少表示
または費用の過大表示が同時に行われるため、利益が過少表示される。例
えば、売掛金（資産）を過少表示した場合（売上除外を行った場合）、売
上（収益）が過少表示され、利益は過少表示される。また、棚卸資産（資
産）を過少表示した場合（在庫隠しを行った場合）、売上原価（費用）が
過大表示され、利益は過少表示される。　　　　　　　　　　正解　4）

2 −13　融通手形の兆候

《問》一般に、融通手形の発行および受取りは、いずれも問題のある企業
　　　行動であり、業況悪化の兆候とも考えられる。取引先企業について
　　　発生した事象に関する次の記述のうち、融通手形の兆候として最も
　　　不適切なものはどれか。
　1）取引先企業の支払手形決済額は、直近数カ月間にわたり、当該企業
　　　が作成した月次資金繰り表の支払手形決済予定額の2倍を超えてい
　　　る。
　2）取引先企業が手形割引のために持ち込んだ手形支払人の信用照会を
　　　行ったところ、手形割引依頼人（取引先企業）は手形支払人の仕入
　　　先である旨の回答を得た。
　3）取引先企業が手形割引依頼のために金融機関へ持ち込んだ手形のな
　　　かに、この取引先企業の仕入先が振り出した手形が含まれていた。
　4）取引先企業の決算書の科目明細を確認したところ、ある受取手形の
　　　支払人・支払日・金額が、短期借入金の借入先・返済日・金額とそ
　　　れぞれ一致していた。

・解説と解答・

1）適切である。正常な商取引を行っている企業の場合、取引条件に著しい変
　化がない限り、実際の支払手形決済額は月次資金繰り表の支払手形決済予
　定額とほぼ一致する。実際の支払手形決済額が、月次資金繰り表の支払手
　形決済予定額の2倍を超える事象が数カ月間にわたって継続することは異
　常と考えられ、商取引の裏付けのない融通手形または簿外の支払手形が混
　入している可能性がある。

2）不適切である。手形割引依頼人が手形支払人の仕入先であることは、商取
　引において自然な事象であり、この事象だけでは、融通手形の兆候とは考
　えられない。

3）適切である。本選択肢の事例の取引先企業（手形割引依頼人）は、自社の
　仕入先が振り出した手形（いわゆる「逆筋」の手形）を保有していること
　になり、商取引として不自然である。この場合は、手形割引依頼のために
　持ち込まれた手形のなかに、商取引の裏付けのない融通手形が混入してい
　る可能性がある。

4）適切である。受取手形と短期借入金（または仮受金、前受金）の関連が疑われる場合、融通手形に伴う会計処理が行われている可能性がある。その場合の仕訳は次のとおりである。

	融通手形を発行した企業		融通手形を受領した企業	
	（借方）	（貸方）	（借方）	（貸方）
手形の発行日	短期貸付金 ***	支払手形 ***	受取手形 ***	短期借入金 ***
手形の割引日			現預金※1 ***	受取手形 ***
手形の決済日	現預金※3 *** 支払手形 ***	短期貸付金 *** 現預金※4 ***	短期借入金 ***	現預金※2 ***

※1：手形割引による資金を当座預金等へ入金（割引料等の処理は省略）

※2：手形決済資金を当座預金等から引き出し、融通手形発行企業へ振込等により送金

※3：融通手形受領企業より手形決済資金が送金され、当座預金へ入金

※4：当座預金からの引落しにより手形決済

(注)上記仕訳の短期貸付金は、仮払金、前渡金等として処理されることもある。また、上記仕訳の短期借入金は、仮受金、前受金等として処理されることもある。

正解　2）

2-14 所要運転資金の増減要因 I

《問》X金融機関の融資担当者Yは、取引先であるメーカーA社より、増加運転資金の融資申込を受けた。Yは、資金需要の妥当性を検証するため、A社に対し説明を求めた。A社の増加運転資金発生理由の説明として、次のうち最も不適切なものはどれか。ただし、本問において、A社は運転資金の純額がプラスとなっているものとする。

1) 大口仕入先からの要請により、全額を掛仕入とする取引条件から、仕入代金の一部を前渡金として前払いする取引条件に変更した。
2) 機会損失を防ぐため在庫を増加させた。
3) 売買目的有価証券の売却により、多額の売却損が発生した。
4) 主要仕入先の要請により、支払サイトを120日から90日に変更した。

・解説と解答・

1) 適切である。所要運転資金は「売上債権＋棚卸資産－仕入債務」により算出される。従来は全額を掛仕入としていた取引条件を、仕入代金の一部を前渡金として前払いする取引条件に変更した場合、仕入れに伴う現金支出の時期が早まり、買掛金の残高が減少するため、所要運転資金は増加する。

2) 適切である。在庫（棚卸資産）の増加は所要運転資金の増加要因であるため、資金需要が発生する。ただし、受注高を上回る見込みで仕入・生産し過剰在庫が発生している場合、在庫が滞留し資金繰りを悪化させる危険性があるため、注意が必要である。在庫管理において棚卸資産回転期間を確認し、棚卸資産の不良化に留意するとともに、適正在庫水準の把握・維持が重要である。

3) 不適切である。売買目的有価証券は、所要運転資金の増減に影響しない。また、売買目的有価証券の売却による損失は、損益計算書上の経常利益には影響するが、損失額が実際にキャッシュ・アウトされるわけではないため、資金需要の原因とならない。

4) 適切である。支払サイトの短縮は仕入債務残高の減少を早めることにつながり、所要運転資金を増加させる。そのため、本問の場合、売上債権の回収サイトや在庫水準が一定であれば、従来に比べ30日早く支払資金の手当てが必要となり、資金需要が発生する。

<u>正解 3）</u>

2－15　所要運転資金の増減要因Ⅱ

《問》企業の所要運転資金が減少する一般的な要因に該当する事項として、次のうち最も適切なものはどれか。
1）売上拡大のため、信用供与の基準と信用取引の条件を緩和した。
2）機械の老朽化により、歩留まりが悪化し在庫水準が上昇した。
3）販売価格の低下により、売上が減少した。
4）大口販売先から受領する受取手形のサイトが、3カ月から4カ月に長期化した。

・解説と解答・

1）不適切である。信用供与の基準や信用取引の条件を緩和した場合、掛売りの増加（売掛金の増加、現金販売から掛売りへの切替え等）、売掛金の回収サイトの長期化等が発生し、売上債券の金額が増加するため、所要運転資金の増加要因となる。また、信用供与の基準や信用取引の条件を緩和することによって、信用力の低い取引先への売上債権が発生し、不良債権の発生要因となる可能性がある点にも留意が必要である。
2）不適切である。在庫水準（棚卸資産）が上昇した場合、所要運転資金は増加する。
3）適切である。売上低下の原因が販売価格の低下であるため、売上債権の金額が減少する一方、棚卸資産および仕入債務に変化はないので所要運転資金は減少する。ただし、売上減少に伴い、現金回収額も減少するため、現預金残高も減少することとなる。
4）不適切である。受取手形のサイトが長期化した場合、売上債権の残高が増加するため、所要運転資金は増加する。

正解　3）

2 −16　所要運転資金の増減要因Ⅲ

《問》企業の所要運転資金の増減要因等に関する次の記述のうち、最も不
適切なものはどれか。
1 ）金融機関との協議に基づき、当座貸越を、分割返済条件の手形貸付
に切り替えた場合、所要運転資金の増加要因となる。
2 ）売上債権の減少、在庫の減少、仕入債務の増加は、いずれも所要運
転資金の減少要因に該当する。
3 ）売上債権の回収遅延、在庫の不良化は、いずれも所要運転資金の増
加要因に該当するとともに、利益の減少要因にも該当する。
4 ）売上債権の早期回収、在庫管理の徹底、現金仕入削減への取組み
は、いずれも所要運転資金の減少要因に該当するとともに、キャッ
シュフロー計算書の「営業活動によるキャッシュフロー」の増加要
因にも該当する。

・解説と解答・

1 ）不適切である。所要運転資金は「売上債権＋棚卸資産−仕入債務」により
算出されるため、借入金の増減や借入形態の変更により、企業の所要運転
資金が増減することはない。
2 ）適切である。売上債権の減少、在庫（棚卸資産）の減少、仕入債務の増加
は、いずれも所要運転資金の減少要因である。
3 ）適切である。売上債権の回収遅延（回収不能を含む）、在庫の不良化は、
それぞれ売上債権の増加（または貸倒損失の計上）、在庫の増加（または
在庫処分損の計上）につながる事象であり、いずれも所要運転資金の増加
要因に該当するとともに、利益の減少要因にも該当する。
4 ）適切である。売上債権の早期回収は売上債権の減少とキャッシュ・インの
増加、在庫管理の徹底は棚卸資産の減少とキャッシュ・アウトの減少、現
金仕入削減は仕入債務の増加とキャッシュ・アウトの減少につながる。こ
れらはいずれも所要運転資金の減少要因およびキャッシュフローの増加要
因であり、「営業活動によるキャッシュフロー」に分類される。

<u>正解　1 ）</u>

2−17　運転資金のマネジメント

> 《問》運転資金のマネジメントに関する次の記述のうち、最も不適切なものはどれか。
>
> 1）運転資金を使途とした融資を検討する際には、運転資金の3要素である「売上債権」「棚卸資産」「仕入債務」の良否の分析を行い、取引先企業の正常な事業運営に寄与するものかどうかを見極める必要がある。
> 2）売上債権回転期間が長期化している場合に考えられる要因として、「取扱製品の構成変化に伴う回収条件の変化」「経営力の弱い販売先からの回収遅延」「回収不能の不良債権の発生」などがある。
> 3）棚卸資産回転期間が長期化している場合、その要因は「売上不振」「在庫管理ミスによる在庫増加」「仕入先との力関係の弱さに起因する押付け仕入」など後ろ向きなものに限られるため、早急に対策を検討する必要がある。
> 4）仕入債務回転期間の長期化は運転資金の余裕につながる一方、経営悪化の兆候となっているケースもあるため、適正水準以上の長期化となっていないか注意する必要がある。

・解説と解答・

1）適切である。運転資金を使途とした融資を検討する際には、売上債権、棚卸資産、仕入債務の回転期間が適切な水準に保たれているか確認し、取引先企業の正常な事業運営に寄与するものかどうかを見極める必要がある。

2）適切である。他に、「無理な押込み販売による回収引き延ばし」「有力販売先との力関係による不利な回収条件」「売掛金回収努力の不足」なども要因として考えられる。

3）不適切である。棚卸資産回転期間が長期化している場合、本選択肢のような後ろ向きな要因による場合もあれば、「戦略的な大量仕入の実施」「商品値上りを見越した在庫の積増し」など前向きな要因の場合もあるため、内容の分析・評価が大切である。

4）適切である。仕入債務回転期間の長期化は仕入債務の増加につながるため、所要運転資金を減少させる。一方で、資金繰りの悪化に伴い、買掛金の決済日や支払手形の決済期間を引き延ばしているケースもあるため、仕

入債務回転期間の長期化には注意を払う必要がある。

正解　3）

2－18　資金使途分析Ⅰ

《問》運転資金は長期運転資金と短期運転資金に区分できる。次の使途別
　　運転資金のうち、長期運転資金に区分されるものはどれか。
1）減産資金
2）滞貨資金
3）備蓄資金
4）つなぎ資金

・解説と解答・

1）減産資金とは、不況等の経済情勢などによって生産が減少する場合に発生
する資金のことであり、「短期運転資金」に区分される。
2）滞貨資金とは、陳腐化あるいは変質した原材料や部品、新型発表や規格変
更によって陳腐化した製品や商品等で、正常な販売方法では資金化される
めどがない在庫に見合う資金のことであり、「長期運転資金」に区分され
る。
3）備蓄資金とは、企業の積極的な意図によって在庫を備蓄する場合の資金の
ことであり、「短期運転資金」に区分される。
4）つなぎ資金とは、増資や社債による調達が確定しているが、手続上の都合
等で時間がかかり、資金が必要な時に間に合わない場合、その間をつなぐ
ための資金のことであり、「短期運転資金」に区分される。
　したがって、長期運転資金に区分されるのは2）であり、1）、3）、4）、
は短期運転資金に区分される。

<u>正解　2）</u>

2－19　資金使途分析Ⅱ

《問》取引先から投融資資金の借入申込を受けた際に、当該投融資の資金
使途が本業と関連性のないものであった場合、金融機関が注意すべ
き点に関する次の記述のうち、最も不適切なものはどれか。

1）値上り益獲得を目的とした不動産購入のための借入申込を受けた場
合は、換金（売却）の容易性を検討する必要はないが、不動産投資
そのものの是非を検討する必要がある。

2）投融資は資産不良化、損失発生等の要因となりえるため、担保によ
る保全を充実させる必要がある。

3）投融資を実施した場合に発生する金利負担や借入返済負担が取引先
の収益状況や資金繰りに及ぼす影響を調査・分析する必要がある。

4）取引先が検討している投融資に納得性があり、融資に応じる場合で
あっても、原則として、融資額は当該取引先の本来の営業活動によ
り生じる利益での返済が可能な範囲内とすることが望ましい。

・解説と解答・

　投融資資金とは、他社への融資、系列化のための出資、投資目的での有価証
券の購入等、企業の本来の営業活動とは別に行われる投資や融資のための資金
をいう。企業がこれらの資金を借入れにより調達した場合には、借入目的（使
途）の解消による回収金や企業の営業活動から生じる利益により分割返済しな
ければならない。

1）不適切である。値上り益獲得を目的とした不動産等の購入については、資
産不良化、損失発生の要因となりえることを踏まえたうえで、その投融資
の是非（納得性）はもちろんのこと、換金（売却）の容易性についても検
討が必要である。

2）適切である。

3）適切である。

4）適切である。

正解　1）

2-20 収益性分析・安全性分析

《問》 A金融機関のBは、C社の財務諸表に業績悪化の兆候がみられるか
どうかを検証することにした。C社の「第X期」および「第（X＋
1）期」の財務諸表は下表のとおりである。Bが行ったC社の「第
X期」から「第（X＋1）期」にかけての財務分析として、下記の
うち最も不適切なものはどれか。なお、「1会計期間＝12カ月」と
する。

〈貸借対照表〉 （単位：千円）

	第X期	第(X+1)期		第X期	第(X+1)期
現金・預金	224,300	232,000	買掛金	239,700	244,400
売掛金	202,700	235,400	支払手形	280,300	310,000
受取手形	295,000	324,600	短期借入金	128,000	185,600
棚卸資産	162,000	260,000	流動負債計	648,000	740,000
流動資産計	884,000	1,052,000	固定負債	494,000	562,000
固定資産	824,000	830,000	負債計	1,142,000	1,302,000
			資本金	310,000	310,000
			利益剰余金	256,000	270,000
			純資産計	566,000	580,000
資産合計	1,708,000	1,882,000	負債・純資産合計	1,708,000	1,882,000

〈損益計算書 （抜粋）〉 （単位：千円）

	第X期	第(X+1)期
売上高	1,548,300	1,635,600
売上原価	1,243,300	1,291,600
売上総利益	305,000	344,000
販売費及び一般管理費	201,000	220,000
営業利益	104,000	124,000
受取利息	2,200	2,300
受取配当金	1,800	1,700
支払利息	35,000	38,000
経常利益	73,000	90,000

1) インタレスト・カバレッジ・レシオが上昇した。
2) 棚卸資産回転期間が長期化した。
3) 売上高総利益率が上昇した。
4) 流動比率が低下した。

・解説と解答・

1）適切である。インタレスト・カバレッジ・レシオは、「（営業利益＋受取利
息＋受取配当金）÷支払利息」により算出される。

第Ｘ期のインタレスト・カバレッジ・レシオ

＝（104,000千円＋2,200千円＋1,800千円）÷35,000千円

＝3.085…≒3.09倍

第（Ｘ＋1）期のインタレスト・カバレッジ・レシオ

＝（124,000千円＋2,300千円＋1,700千円）÷38,000千円

＝3.368…≒3.37倍

　したがって、第（Ｘ＋1）期のインタレスト・カバレッジ・レシオは、
第Ｘ期と比較して上昇しているといえる。インタレスト・カバレッジ・レ
シオは、金利の支払能力を示した数値であり、第（Ｘ＋1）期において
は、第Ｘ期よりも金利の支払能力が改善していると分析することができ
る。

2）適切である。棚卸資産回転期間（月）は、「12÷棚卸回転率＝12÷（売上
高÷棚卸資産）」により算出される。

第Ｘ期の棚卸資産回転期間（月）

＝12÷（1,548,300千円÷162,000千円）

＝1.255…≒1.26カ月

第（Ｘ＋1）期の棚卸資産回転期間（月）

＝12÷（1,635,600千円÷260,000千円）

＝1.907…≒1.91カ月

　したがって、第（Ｘ＋1）期の棚卸資産回転期間は、第Ｘ期と比較して
長期化しているといえる。棚卸回転期間は、棚卸資産の平均保有期間を示
した数値であり、第（Ｘ＋1）期においては、第Ｘ期よりも長期化してい
ることから、適正水準を超えた在庫を抱え、在庫の陳腐化や資金繰りの悪
化につながる可能性があると分析することができる。ただし、過剰な棚卸
資産回転期間の短期化は、生産活動や販売活動に支障をきたす可能性もあ
るため、企業実態に応じた適正在庫と比較する必要がある。

3）適切である。売上高総利益率（％）は、「売上総利益÷売上高×100％」に
より算出される。

第Ｘ期における売上高総利益率（％）

＝305,000千円÷1,548,300千円×100％

＝19.69…≒19.7％

第（X＋1）期における売上高総利益率（％）

＝344,000千円÷1,635,600千円×100％

＝21.03…≒21.0％

　したがって、売上高総利益率は第X期から第（X＋1）期にかけて上昇しているといえる。売上高総利益率は、製品・商品の収益性、採算性を判断するための数値であり、第（X＋1）期においては、第X期よりも収益性が向上していると分析することができる。

4）不適切である。流動比率（％）は、「流動資産÷流動負債×100％」により算出される。

第X期における流動比率（％）

＝884,000千円÷648,000千円×100％

＝136.41…≒136.4％

第（X＋1）期における流動比率（％）

＝1,052,000千円÷740,000千円×100％

＝142.16…≒142.2％

　したがって、流動比率は第X期から第（X＋1）期にかけて増加している。第（X＋1）期においては、第X期よりも短期的な支払能力が向上していると分析することができる。流動比率は、短期的な支払能力の指標であり、100％以上である（流動負債を流動資産が上回っている）だけでなく、200％以上であることが理想とされている。

正解　4）

2 −21　生産性分析

《問》生産性分析の指標に関する次の記述のうち、最も不適切なものはどれか。

1）付加価値率は、売上高を付加価値額で除して算定される指標であり、付加価値率を高めることは、収益性向上につながる。
2）付加価値労働生産性は、従業員 1 人あたりの付加価値額を表しており、労働生産性が高いことは、労働効率が高いことを示している。
3）設備生産性は、付加価値額を有形固定資産で除した指標であり、設備生産性が高いことは、設備の稼働効率が高いことを示している。
4）労働装備率とは、有形固定資産を従業員数で除した指標であり、資本集約型の企業では労働装備率が高く、労働集約型の企業では労働装備率が低くなる傾向がある。

・解説と解答・

1）不適切である。付加価値率は、「付加価値額÷売上高」で算出することができる。付加価値率は、企業の加工度（自社で付加した価値の割合）を知るための指標である。付加価値率が高いことは、必ずしも収益性が高いことを意味するわけではないが、付加価値率を高めることが収益性向上の方策の 1 つである。
2）適切である。付加価値労働生産性は、「付加価値額÷従業員数」で算出することができる。付加価値労働生産性は、従業員 1 人あたりの付加価値額を示し、付加価値分析のなかでも最も重要視されている指標である。付加価値労働生産性が高いほど、労働効率が良く、労働者の生産性、ひいては、企業全体の生産性が高いことを表している。
3）適切である。設備生産性（設備投資効率）は、「付加価値額÷有形固定資産」で算出することができる。設備生産性（設備投資効率）は、企業が設備投資した有形固定資産の活用効率を示す指標である。設備生産性（設備投資効率）が高いほど、生産設備（有形固定資産）が有効に活用されていることを表している。
4）適切である。労働装備率は、「有形固定資産÷（平均）従業員数」で算出することができる。労働装備率は、従業員 1 人あたりの有形固定資産額を示す指標である。固定資産の償却不足がない限り、労働装備率が高いほ

ど、生産の機械化や営業拠点・手段が充実していることを表している。

__正解　1）__

2 −22　成長性分析

《問》成長性分析に関する次の記述のうち、最も不適切なものはどれか。
1) 成長性分析は、財務指標の時系列比較による増減変化から成長の度合いを判断するものであり、少なくとも10期間以上の時系列情報を用いることが必須である。
2) 成長性分析に用いられる売上高前期比増減率は、当期売上高を前期売上高で除すか、当期売上高と前期売上高の差額を前期売上高で除すことにより算出される。
3) 成長性分析に用いられる売上高基準年度増減率は、特定の期の売上高を基準値として固定し、各期の数値を指数化することにより算出される。
4) 成長性分析においては、分析対象企業の時系列比較のみならず、同業他社比較や業界平均比較を併用することが有用である。

・解説と解答・

1) 不適切である。成長性分析は、決算書の数値と指標の数値の時系列比較による増減変化から成長の程度を判断しようとするものであり、一定期間の財務数値が必要である。この期間は一般的には 3 〜 5 期間程度を考えればよいといえる。この期間が短い場合には、期間中の臨時的・突発的な要因による変化に影響され、実態を見誤るおそれがある。

2) 適切である。売上高前期比増減率は、①「当期売上高÷前期売上高」、②「(当期売上高 − 前期売上高) ÷前期売上高」のいずれかにより算出される。①式では、比率数値が100％を超えている場合は、当期売上高が前期売上高より増加していることを示しており、②式では、比率数値そのものがプラスの場合は、前期売上高からの増加率を示している。

3) 適切である。売上高基準年度増減率は、「当期売上高÷基準年度売上高」により算出される。一般的には、分析対象とする期間の初年度を基準年度とすることが多いが、初年度の数値が異常な場合には、他の年度を基準年度とすることが望ましい。

4) 適切である。同業他社との業界内でのシェア増減率比較により、分析対象企業の業界内での立ち位置を確認することや業界全体の市場規模の成長率の推移を確認することは、成長性分析だけでなく分析対象企業の事業戦略の方向性が正しいかどうか見極めるうえでも有用である。　　**正解　1)**

2-23 損益分岐点分析 I

《問》損益分岐点分析に関する次の記述のうち、最も不適切なものはどれか。

1) 変動費率が一定で、固定費が低下した場合、損益分岐点売上高も低下する。

2) 損益分岐点比率が高いと安全余裕率は低くなり、損益分岐点比率が低いと安全余裕率は高くなる。

3) 損益分岐点比率は企業の収益力を判断する指標の1つであり、損益分岐点比率が高い企業ほど、収益体質がよいと判断することができる。

4) 固定費、変動費率、および販売量を維持したまま、商品売価の引上げを行った場合、損益分岐点比率は引き下げられる。

・解説と解答・

1) 適切である。損益分岐点売上高は、売上高と総費用が同額となる（利益がゼロとなる）売上高のことをいい、「固定費÷（1－変動費率)」により算出される。したがって、固定費が低下するほど、または変動費率が増加するほど、損益分岐点売上高は低下する。

2) 適切である。

3) 不適切である。売上高が同額の場合、損益分岐点比率が高い企業ほど、安全余裕率は低くなる。したがって、損益分岐点比率が高いだけでは、必ずしも収益体質がよいとはいえない。

4) 適切である。固定費および変動費率が維持された場合、損益分岐点売上高も維持され、販売量を維持したまま、商品売価の引上げを行った場合、実際の売上高は増加する。したがって、損益分岐点比率は引き下げられることとなる。

正解 3)

2 −24　損益分岐点分析 II

《問》損益分岐点分析に関する次の㋐〜㋒の記述のうち、適切なものはいくつあるか。ただし、本問における分析対象企業の安全余裕率は３％であるものとする。

> ㋐　損益分岐点売上高の引下げは、収益力の改善要因である。
> ㋑　分析対象企業は黒字を確保していると判断することができる。
> ㋒　分析対象企業の安全余裕率を５％に引き上げたい場合、損益分岐点比率を２％引き上げる必要がある。

1）1つ
2）2つ
3）3つ
4）0（なし）

・解説と解答・

㋐　適切である。損益分岐点売上高とは、損失が生じないために最低限必要な売上高のことであり、実際の売上高と損益分岐点売上高との差分が収益となる。したがって、実際の売上高が一定の場合、損益分岐点売上高が低いほど利益は増加し、経営の安全度が増すこととなる。

㋑　適切である。本問における分析対象企業の安全余裕率（１−損益分岐点比率）がプラスの数値であることから、損益分岐点を上回る売上を計上しており、利益は黒字である。

㋒　不適切である。「安全余裕率＝１−損益分岐点比率」の関係にあることから、損益分岐点比率が下がると、安全余裕率は高くなる。したがって、安全余裕率を３％から５％に引き上げるためには、損益分岐点比率を２％引き下げる必要がある。

したがって、適切なものは2つ。

正解　2）

2－25　損益分岐点分析Ⅲ

《問》A社とB社の当期における変動損益計算書（要約）は、下表のとおりである。A社とB社に関する下記の記述のうち、最も不適切なものはどれか。なお、各選択肢はそれぞれ独立しており、解答に際しては、他の選択肢の記載事項を考慮する必要はないものとする。

〈変動損益計算書（要約）〉　　　　　　　（単位：千円）

	A社	B社
売上高	200,000	200,000
変動費	120,000	60,000
限界利益（貢献利益）	80,000	140,000
固定費	40,000	100,000
営業利益	40,000	40,000

1）来期において、A社とB社の売上高が同じ額だけ増加し、両社の固定費および変動費率が当期から不変であった場合、営業利益の増加額はA社のほうが大きい。

2）来期において、A社とB社の変動費率が同じパーセントポイントだけ低下し（例えば、A社の変動費率が60％から50％に、B社の変動費率が30％から20％に低下し）、両社の売上高および固定費が当期から不変である場合、来期における両社の営業利益の増加額は同額である。

3）来期において、A社とB社の固定費が同じ額だけ増加し、両社の売上高および変動費率が当期から不変である場合、来期における両社の営業利益の減少額は同額である。

4）当期における安全余裕率は、A社のほうがB社よりも高い。

・解説と解答・

1）不適切である。売上高の増減が営業利益に及ぼす影響は、変動費率（変動費÷売上高×100％）が低く、限界利益率（1－変動費率＝1－変動費÷売上高×100％）の高い会社ほど大きい。

A社の限界利益率：1－120,000千円÷200,000千円×100％＝40％

B社の限界利益率：1－60,000千円÷200,000千円×100％＝70％

　　両社の売上高が20,000千円ずつ増加したと仮定すると、

　　A社の営業利益増加額：20,000千円×40％＝8,000千円

　　B社の営業利益増加額：20,000千円×70％＝14,000千円

　　したがって、来期においてA社とB社の売上高が同じ額だけ増加した場合、営業利益の増加額はB社のほうが大きくなる。

2）適切である。売上高が一定であるとした場合、変動費率が低下すれば、その分だけ限界利益（限界利益率×売上高）が増加する。両社の変動費率が10％ずつ低下したと仮定すると、変動費が20,000千円（売上高200,000千円×10％）減少し、限界利益が同額増加することになり、固定費に変動がなければ、両社とも営業利益が20,000千円増加する。

3）適切である。固定費が増加すると、その額だけ営業利益が減少するので、両社の固定費の増加額が同額であれば、両社の営業利益の減少額も同額となる。

4）適切である。安全余裕率は、損益分岐点売上高までの売上高減少容認率（現在の売上高が何％減少すると赤字になるかを表すもの）をいい、安全余裕率および損益分岐点売上高は下記のとおり算出される。

　　安全余裕率＝（売上高－損益分岐点売上高）÷売上高×100％

　　　　　　　＝1－損益分岐点比率（％）

　　損益分岐点売上高＝固定費÷（1－変動費率）

　　　　　　　　　　＝固定費÷（1－変動費÷売上高）

　　A社の損益分岐点売上高：40,000千円÷（1－60％）

　　　　　　　　　　　　　＝100,000千円

　　A社の安全余裕率：（200,000千円－100,000千円）÷200,000千円×100％

　　　　　　　　　　＝50％

　　B社の損益分岐点売上高：100,000千円÷（1－30％）

　　　　　　　　　　　　　＝142,857.1…≒142,857千円

　　B社の安全余裕率：（200,000千円－142,857千円）÷200,000千円×100％

　　　　　　　　　　＝28.57…≒28.6％

　　したがって、A社のほうが、B社よりも安全余裕率が高い。

正解　1）

2 -26 損益分岐点分析Ⅳ

《問》X金融機関の渉外担当Yは、新規融資先の開拓を行っている。日々の営業活動が実を結び、当期末を間近に控えた時点で、A社から運転資金の借入申込があった。Yは、下表の予想財務諸表（当期）を入手したうえで、来期の損益見込みについてもA社のB社長にヒアリングを行い、損益分岐点分析を行った。下記の分析結果のうち、最も不適切なものはどれか。なお、変動費率および安全余裕率の計算に際しては、%単位の小数点以下第3位を四捨五入すること。

A社の予想損益計算書（当期）　　　（単位：千円）

損益計算書		販売費及び一般管理費の内訳	
売上高	45,000	（販管費及び一般管理費）	(19,228)
売上原価	20,250	従業員給与手当	7,400
売上総利益	24,750	役員給与手当	4,700
販売費及び一般管理費	19,228	減価償却費	1,100
営業利益	5,522	荷造運賃	450
		広告宣伝費	700
		賃借料	1,600
		水道光熱費	1,000
		その他経費	2,278

〈B社長からのヒアリング内容〉

・来期は、競合他社の攻勢が激しくなることが確実であるため、A社の売上高は、当期比10%減となる見込みである。

・来期の原価率は、当期から変わらない見込みである。

・変動費は売上原価のみであり、その他は固定費である。

・売上原価はすべて変動費である。

・来期の固定費は、当期から変わらない見込みである。

1）来期の変動費率は、45.00%となる見込みである。

2）来期の損益分岐点売上高は34,960千円、安全余裕率は22.31%となる見込みである。

3）来期において、当期と同額の営業利益（5,522千円）を計上するには、固定費を2,475千円削減する必要がある。

4）来期の売上高が当期比20%減となり、来期の変動費率および固定費が当期と変わらない場合、来期の営業利益は572千円と見込まれる。

・解説と解答・

1）適切である。〈B社長からのヒアリング内容〉を踏まえると、来期の予想
損益計算書は下表のとおりとなる。

A社の予想損益計算書（来期）　　（単位：千円）

損益計算書		販売費及び一般管理費の内訳	
売上高	40,500※1	（販売費管費及び一般管理費）	(19,228)
売上原価	18,225※2	従業員給与手当	7,400
売上総利益	22,275※3	役員給与手当	4,700
販売費及び一般管理費	19,228	減価償却費	1,100
営業利益	3,047※4	荷造運賃	450
		広告宣伝費	700
		賃借料	1,600
		水道光熱費	1,000
		その他経費	2,278

※1：来期売上高＝45,000千円×（1－10％）＝40,500千円

※2：来期売上原価＝来期売上高×原価率

　　　　　　　　＝40,500千円×20,250千円÷45,000千円＝18,225千円

※3：来期売上総利益＝来期売上高－来期売上原価

　　　　　　　　＝40,500千円－18,225千円＝22,275千円

※4：来期営業利益＝来期売上総利益－来期販売費及び一般管理費

　　　　　　　　＝22,275千円－19,228千円＝3,047千円

　したがって、来期の変動費率は下記のとおり算出される。

変動費率＝売上原価÷売上高×100％

　　　　＝18,225千円÷40,500千円×100％＝45.00％

2）不適切である。上記1）の解説で算出した変動費率を用いると、来期の損
益分岐点売上高、安全余裕率は下記のとおり算出される。

損益分岐点売上高＝固定費÷（1－変動費率）

　　　　　　　　＝19,228千円÷（1－45.00％）

　　　　　　　　＝34,960千円

安全余裕率＝（売上高－損益分岐点売上高）÷売上高

　　　　　＝（40,500千円－34,960千円）÷40,500千円

$$= 13.679 \cdots \% \fallingdotseq 13.68\%$$

3）適切である。上記 1 ）の解説で示した A 社の予想損益計算書（来期）より、来期の営業利益は3,047千円と見込まれる。したがって、今期と同額の営業利益（5,522千円）を計上するには、2,475千円（＝5,522千円－3,047千円）の固定費削減が必要である。

4）適切である。来期の売上高が20％減少し、変動費率が今期と変わらず45.00％（＝20,250千円÷45,000千円×100％）である場合、来期の各損益数値は下記のとおりであり、営業利益は572千円の黒字と予想される。

売上高＝45,000千円×（1－20％）＝36,000千円

売上原価＝来期売上高×変動費率

$\qquad$ ＝36,000千円×45.00％＝16,200千円

販売費及び一般管理費＝19,228千円

営業利益＝売上高－売上原価－販売費及び一般管理費

$\qquad$ ＝36,000千円－16,200千円－19,228千円＝572千円

正解　2）

第3章

競争力の各種評価手法

3－1　PEST分析 I

《問》PEST分析に関する次の記述のうち、最も不適切なものはどれか。
1) PEST分析とは、業界の収益機会に影響を及ぼす要因を、政治・法律、経済、社会、技術の4つの環境要因に分けて、マクロ環境を分析する手法である。
2) 業界地図を一変させる可能性を含む規制緩和や税制変更、政府および関連団体による要請事項は、PEST分析における政治・法律環境要因である。
3) 経済環境要因の分析を行う際には、インフレ率、金利等の諸指標のなかから、業界の経営環境へ影響を及ぼす指標を選定する必要がある。
4) 技術環境要因の分析とは、人口動態、社会意識、ライフスタイルの変化に着目し、将来の需要の変化を分析するものである。

解説と解答

　PEST分析とは、業界の収益機会に影響を及ぼす要因を、「政治・法律環境要因（Politics）」「経済環境要因（Economics）」「社会環境要因（Society）」「技術環境要因（Technology）」に分けて、マクロ環境を分析する手法である。
1) 適切である。PEST分析によりマクロ環境の中長期的な変化を把握することで、将来の事業機会や事業リスクが抽出しやすくなる。
2) 適切である。業界地図を一変させる可能性を含む規制緩和や税制変更、政府および関連団体による要請事項、官庁内の方針変更・組織変更等は、PEST分析における政治・法律環境要因である。
3) 適切である。景気動向、雇用動向、為替レート、金融環境の変化、産業構造の変化等は、どの業界でも共通する環境要因であるが、当該業界に大きく影響を及ぼす要因に着目することで、業界の状況を把握することが可能になる。
4) 不適切である。本選択肢は、社会環境要因の分析である。技術環境要因の分析とは、自社の技術のみならず、業界内において活用できる技術に着目し、業界内の経営環境の変化を特定することである。

正解　4)

3－2　PEST分析Ⅱ

《問》介護事業者のPEST分析において、社会環境要因に分類される事項
　　は、次のうちいくつあるか。
① 　介護事業者向け助成金の動向
② 　介護事業への従事者（介護職）の離職率の動向
③ 　要介護・要支援認定者数の推移
④ 　介護保険サービス受給者数の推移
⑤ 　介護ロボットの開発動向

1）　1つ
2）　2つ
3）　3つ
4）　4つ

・解説と解答・

　PEST分析において、社会環境要因に分類される事項は、具体的には、人口
動態、社会意識・ライフスタイルの変化等がある。
① 　介護事業者向けの助成金は国の政策によるものであるため、PEST分析に
　　おいて、政治・法律環境要因に分類される。
② 　雇用動向はPEST分析において、経済環境要因に分類される。
③ 　人口動態の動向はPEST分析において、社会環境要因に分類される。
④ 　人口動態の動向はPEST分析において、社会環境要因に分類される。
⑤ 　技術開発の動向はPEST分析において、技術環境要因に分類される。
　したがって、社会環境要因に分類される事項は、③、④の2つである。

<u>正解　2）</u>

3－3　3C分析Ⅰ

《問》3C分析に関する次の記述のうち、最も不適切なものはどれか。
1）3C分析における「顧客」の分析とは、自社が事業活動を行っている市場で有効なセグメンテーション（市場細分化）や有望なセグメント（市場）における顧客ニーズを明らかにすることである。
2）3C分析における「競合企業」の分析とは、競合企業の戦略やマーケティングの基本的な方向性を明らかにし、当該競合企業が有する経営資源の強みと弱みを、自社と対比することにより明らかにすることである。
3）3C分析における「自社」の分析とは、自社の戦略やマーケティングの基本的な方向性を明らかにし、当社が有する経営資源の強みと弱みを、競合企業と対比することにより明らかにすることである。
4）3C分析とは、「顧客」「競合企業」「自社」の三者それぞれを個別に分析する手法であり、三者の相対関係を分析する手法ではない。

・解説と解答・

　3C分析とは、マーケティング環境を「顧客（Customer）」「競合企業（Competitor）」「自社（Company）」の3者それぞれの視点で分析したうえで、三者の相対関係を分析する手法である。
1）適切である。
2）適切である。
3）適切である。
4）不適切である。3C分析においては、「顧客」「競合企業」「自社」の三者それぞれの分析を行ったうえで、三者の相対関係についても分析する。3C分析を活用すれば、戦略やマーケティングの妥当性の検証や見直しを簡便に行うことができる。

正解　4）

3－4　3C分析Ⅱ

《問》3C分析に関する次の㋐～㋒の記述のうち、適切なものはいくつあるか。

㋐　3C分析における「顧客－競合企業」の関係分析とは、顧客ニーズの観点から、競合企業の経営戦略、マーケティング活動の有効性を分析することである。

㋑　3C分析における「自社－競合企業」の関係分析とは、自社と競合企業の経営戦略、マーケティング活動、経営資源の相違や優劣を分析することである。

㋒　3C分析における「顧客－自社」の関係分析とは、自社の経営目標の観点から、自社の経営戦略およびマーケティング活動におけるターゲティング（標的市場選定）やポジショニング（重視する提供価値）を分析することである。

1）　1つ
2）　2つ
3）　3つ
4）　0（なし）

・解説と解答・

㋐　不適切である。3C分析における「顧客－競合企業」の関係分析とは、競合企業の経営戦略やマーケティング活動におけるターゲティングやポジショニングを分析することである。

㋑　適切である。

㋒　不適切である。3C分析における「顧客－自社」の関係分析とは、顧客ニーズの観点から、自社の経営戦略、マーケティング活動の有効性を分析することである。

　したがって、適切なものは1つ。

<u>正解　1）</u>

3－5 SWOT分析Ⅰ

《問》SWOT分析に関する次の記述のうち、最も不適切なものはどれか。

1）業界慣習、競合他社の戦略、顧客の購買行動等のミクロ環境は、内部環境要因として、「強み」または「弱み」に分類される。

2）政治、経済、人口動態等のマクロ環境は、外部環境要因として、「機会」または「脅威」に分類される。

3）自社事業のリスクとなる内部環境の変化は「弱み」に分類され、自社事業のリスクとなる外部環境の変化は「脅威」に分類される。

4）SWOT分析は、自社の内部環境と外部環境を網羅的に整理し、自社に有利な事項、自社に不利な事項を明らかにする手法である。

解説と解答

　SWOT分析とは、企業を取り巻く事業環境を、内部環境と外部環境、自社に有利な環境と不利な環境の2軸に基づき、下図のとおり、「強み（Strength）」「弱み（Weakness）」「機会（Opportunity）」「脅威（Threat）」に分類する手法である。

	自社に有利な環境	自社に不利な環境
内部環境	強み（Strength）	弱み（Weakness）
外部環境	機会（Opportunity）	脅威（Threat）

　さらに、内部環境と外部環境を掛け合わせて環境を捉え、経営戦略・マーケティング戦略を検討する手法をクロスSWOT分析という。

1）不適切である。業界慣習、競合他社の戦略、顧客の購買行動等は、SWOT分析において、外部環境要因として、「機会」または「脅威」に分類される。

2）適切である。マクロ環境とミクロ環境はともに、外部環境要因であり、SWOT分析において、「機会」または「脅威」に分類される。なお、マクロ環境要因の例は、自然、政治・法律、経済、技術、人口動態、社会・文化等である。また、ミクロ環境要因の例は、市場、業界、競合、供給業者、流通媒介業者等である。

3）適切である。

4）適切である。　　　　　　　　　　　　　　　　　　　　　正解　1）

3－6　SWOT分析Ⅱ

《問》SWOT分析に関する次の記述のうち、最も適切なものはどれか。
1）SWOT分析における「強み」と「弱み」は、企業の内部資源（ヒト、モノ、カネ、情報）の優劣を、競合他社と比較することなく示した判定結果である。
2）自社事業に関わる利害関係者の動向、業界動向、マクロ環境等のうち、自社に有利な要素と自社に不利な要素は、SWOT分析においてそれぞれ「強み」または「弱み」に分類される。
3）企業の内部資源（ヒト、モノ、カネ、情報）のうち、競合他社と比較して相対的に優れたものは「機会」に分類され、相対的に劣ったものは「脅威」に分類される。
4）「環境問題に対する社会的な意識の高まり」という外部環境要素は、環境技術の優位性を有する企業にとっては「機会」に分類され、環境技術の優位性を有しない企業にとっては「脅威」に分類される。

・解説と解答・

1）不適切である。SWOT分析における「強み」と「弱み」は、企業の内部資源を競合他社と比較した相対的な要素である。
2）不適切である。自社事業に関わる利害関係者の動向、業界動向、マクロ環境等は外部環境要因に分類され、自社に有利な要素と自社に不利な要素は、SWOT分析においてそれぞれ「機会」または「脅威」に分類される。
3）不適切である。企業の内部資源（ヒト、モノ、カネ、情報）のうち、競合他社と比較して相対的に優れたものは「強み」に分類され、相対的に劣ったものは「弱み」に分類される。
4）適切である。自社にとって「機会」または「脅威」に分類される外部環境は、競合他社にとっても同じとは限らない。例えば、本問にある「環境問題に対する意識の高まり」という外部環境要素は、環境技術の優位性を有する企業にとっては「機会」に分類されるが、環境技術の優位性を有しない企業にとっては「脅威」に分類される。

<u>正解　4）</u>

3－7　アンゾフの成長ベクトルⅠ

《問》アンゾフの成長ベクトルに関する次の記述のうち、最も不適切なものはどれか。

1）営業地域内の販売店網を拡充する取組み、既存市場において競合他社の製品を利用している顧客に対して自社製品の購入を働きかける取組みは、いずれも「市場浸透戦略」に類型化される。

2）新製品を開発して既存顧客向けに販売する施策、改良版製品を市場に投入して既存顧客の買替需要を喚起する施策は、いずれも「新製品開発戦略」に類型化される。

3）既存市場において顧客の購入量や購入頻度を高めるような販売促進を行い、既存市場の市場規模（需要）の拡大を目指す戦略は、「新市場開拓戦略」に類型化される。

4）社内ベンチャー制度により新製品を開発し、新たな顧客層を開拓する取組みは、「多角化戦略」に類型化される。

・解説と解答・

　アンゾフの成長ベクトルとは、企業が選択すべき成長戦略を、既存製品と新規製品、既存市場と新規市場の2軸に基づき、下図のとおり、「市場浸透戦略」「新製品開発戦略」「新市場開拓戦略」「多角化戦略」に類型化する経営分析の手法である。

		製品（サービス）	
		既存製品	新製品
市場	既存市場	市場浸透戦略	新製品開発戦略
	新規市場	新市場開拓戦略	多角化戦略

　アンゾフの成長ベクトルに基づく成長戦略の類型は、以下のとおりである。

① 「市場浸透戦略」とは、既存市場において、既存製品の販売拡大を行うことによって成長を目指す戦略であり、以下の2つのパターンがある。

・既存市場の規模の拡大（例えば、顧客の購入量や購入頻度を高めるような販売促進を行う、営業地域内の販売店網や販売チャネルを拡充して顧客が購入しやすい環境を整備する）

・既存市場における自社シェアの拡大（例えば、競合他社の製品を利用して

いる顧客に対して自社製品の購入を働きかける）

② 「新製品開発戦略」とは、既存市場に新製品を投入することによって成長を目指す戦略である（例えば、新製品を開発して既存顧客向けに販売する、改良版製品を市場に投入して既存顧客の買替需要を喚起する）。

③ 「新市場開拓戦略」とは、新市場に既存製品を投入することによって成長を目指す戦略である（例えば、新地域へ出店して既存製品を販売する、従来は来店できなかった顧客向けの販売を目的として営業時間を延長する、インターネット等の新たな販売チャネルを拡充する）。

④ 「多角化戦略」とは、市場・製品ともに、まったく新しい分野へ進出することによって成長を目指す戦略である。

1）適切である。上記解説①を参照。

2）適切である。上記解説②を参照。

3）不適切である。本選択肢の記載事例は、「市場浸透戦略」に該当する。なお、「新市場開拓戦略」については、上記解説③を参照。

4）適切である。上記解説④を参照。

正解　3）

3－8　アンゾフの成長ベクトルⅡ

《問》次の記述のうち、アンゾフの成長ベクトルにおける「市場浸透戦略」に該当するものはどれか。
1）売上拡大を目的として、インターネットを用いた新たな販売チャネルを構築すること
2）既存製品の販売拡大を目的として、これまで営業店網のなかった地域に新規出店すること
3）競合他社の製品を利用している顧客に対して、同種類の自社製品の購入を働きかけるような販売促進を行うこと
4）これまで来店できなかった顧客向けの販売を目的として、営業時間を延長すること

・解説と解答・

　アンゾフの成長ベクトルとは、企業が選択すべき成長戦略を、既存製品または新規製品、既存市場または新規市場の組合せにより、①市場浸透戦略（既存製品－既存市場）、②新製品戦略（新規製品－既存市場）、③新市場戦略（既存製品－新規市場）、④多角化戦略（新規製品－新規市場）に類型化する経営分析の手法である。

　本問では、3）が「市場浸透戦略」に該当し、1）、2）、4）は、「新市場開拓戦略」に該当する。

正解　3）

3－9　PPM Ⅰ

《問》プロダクト・ポートフォリオ・マネジメント（以下、「PPM」という）に関する次の記述のうち、最も適切なものはどれか。

1）「花形」に分類される製品または事業を有する企業は、安定的なキャッシュフローと収益を確保できる。

2）急成長している市場において相対的市場占有率が高い製品は、「金のなる木」に分類され、市場拡大への対応と規模の経済追求のための設備投資や研究開発等が必要とされる。

3）衰退期を迎え、「負け犬」に分類された製品については、早期に撤退することが常に最良の選択である。

4）PPMは、複数の事業を有する企業が、各事業への経営資源配分や事業再編等に関する意思決定を行う際にも有用な手法である。

・解説と解答・

　プロダクト・ポートフォリオ・マネジメント（PPM）とは、相対的市場占有率と市場成長率の2軸に基づき、製品または事業を、下図のとおり分類・選別する手法である。なお、相対的市場占有率は、「自社の絶対的市場占有率÷自社を除く第1位企業の絶対的市場占有率」で算出され、絶対的市場占有率は、「自社製品の売上÷市場全体の売上」で算出される。絶対的市場占有率が業界1位の企業においては、相対的市場占有率は1以上、2位以下の企業においては、1未満となり、通常は1を基準に相対的市場占有率の高低が評価される。一方、市場成長率は事業の資金流失量（資金需要）の大小を意味する指標であるが、高低の明確な基準はない。

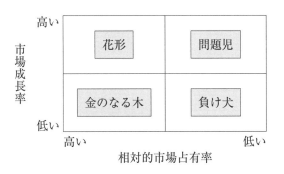

1）不適切である。本選択肢は「金のなる木」についての記述である。「花
　　形」に分類される製品や事業は、資金の流入・流出ともに大きく、安定的
　　なキャッシュフローと収益を確保できる製品とは限らない。
2）不適切である。成長率の高い市場にて高い相対的市場占有率を獲得してい
　　る製品は、「花形」に分類される。「花形」に分類される製品は、さらなる
　　成長のための投資（設備導入、研究開発等）を行わなければ、現在の競争
　　力を維持することが難しい。
3）不適切である。製品ライフサイクル上の衰退期を迎え、「負け犬」に分類
　　される製品であっても、早急に市場から撤退することが最良の選択とは限
　　らない。例えば、生産設備の減価償却も終了し、利益を計上している（固
　　定費の負担が軽く、変動費分をカバーして利益を計上している）製品につ
　　いては、研究開発費のゼロ予算化、広告宣伝費の削減等により、短期的な
　　利益（キャッシュフロー）を最大限に確保した後に市場から撤退するほう
　　が、合理的な経営判断となる場合がある。
4）適切である。ただし、PPMにおいては事業間のシナジーは考慮されてい
　　ないので、その点に注意する必要がある。

正解　4）

3−10 PPM Ⅱ

《問》プロダクト・ポートフォリオ・マネジメント（以下、「PPM」という）に関する次の記述のうち、最も適切なものはどれか。

1）PPMの背景（前提）には製品ライフサイクルの考え方があり、製品の成長期において、企業は当該製品から潤沢なキャッシュフローを得ることができると考えられる。

2）PPMの背景（前提）には経験曲線効果の考え方があり、生産コストの引下げおよび利益の拡大を目指すためには、大量生産が可能となるような市場シェアの拡大、今後の成長が見込まれる分野への進出が必要であると考えられる。

3）「問題児」に分類された事業においては、早期に市場から撤退することが最良の企業行動であり、相対的市場占有率の拡大を目指す戦略は適合しない。

4）「金のなる木」に分類された事業においては、資金流入が安定している一方で、市場拡大への対応、競争力確保のための資金流出（投資）が資金流入を上回っている。

・解説と解答・

1）不適切である。PPMの背景（前提）には製品ライフサイクルの考え方があるが、製品の成熟期において、企業は当該製品から潤沢なキャッシュフローを得ることができると考えられる。なお、製品ライフサイクルとは製品が市場に登場してから衰退していくまでの経過を「導入期」「成長期」「成熟期」「衰退期」の4段階で表したものであり、それぞれの段階においては、一般的に、売上、コスト、利益に下表のような特徴がみられる。

段階	特徴
導入期 （新製品が市場に導入され、需要が穏やかに形成されていく時期）	売上が少ない一方、開発・認知のための広告コストを要するため、利益がマイナスとなることも多い
成長期 （製品が市場で受け入れられ、需要が急速に拡大していく時期）	売上が増大するとともに、顧客1人当たりのコストが低減し、利益が増加傾向となる

成熟期 （製品が市場に普及し、需要の伸びが停滞する時期）	増大していた売上が頭打ちとなる一方、顧客1人当たりのコストは低くなるため、安定した利益を得ることができる
衰退期 （製品の需要が減少していく時期）	売上、利益ともに減少傾向となる

2）適切である。経験曲線効果とは、生産規模の拡大に応じて生産性が向上する（単位当り生産コストが低下する）という考え方であり、その効果は、作業者の熟練、製造工程の改善、トラブル対応の迅速化等によって実現されると考えられる。PPMにおいては、生産コストを引き下げ、利益を拡大するためには、経験曲線に基づくコスト優位を享受するために市場シェアを拡大する必要があるとされる。

3）不適切である。「問題児」に分類された事業は、市場成長率は高いものの、相対的市場占有率が低い分野である。市場全体は成長期にあり、将来性が期待できるため、相対的市場占有率の拡大が実現できれば、当該事業は「花形」事業へと成長する可能性がある。

4）不適切である。「金のなる木」に分類された事業は、成長率の低い市場（安定した市場）において、高い相対的市場占有率を占めた事業であり、安定的なキャッシュフローと収益を生み出す源泉である。

正解　2）

3－11　ビジネス・スクリーン

《問》ビジネス・スクリーンに関する次の記述のうち、最も適切なものは
どれか。
1）ビジネス・スクリーンは、プロダクト・ポートフォリオ・マネジメ
ントと同様に、相対的市場占有率と市場成長率に基づいて事業を分
類することにより、事業の選別を行う手法である。
2）ビジネス・スクリーンとは、企業が顧客満足度を高めるために実施
するサービス向上の取組みである。
3）ビジネス・スクリーンのメリットは、各事業を分類する際に、製品
ライフサイクルの考え方が反映されていることである。
4）複数の事業を有する企業は、事業の選別を検討する際に、各事業を
分類する手法としてビジネス・スクリーンを活用することができ
る。

・解説と解答・

　ビジネス・スクリーンとは、市場魅力度と事業の強さ（地位）の2軸に基づ
き、下図のとおり、事業を選別し複数の事業への投資判断をする手法である。

		事業の強さ（地位）		
		強い	中間	弱い
市場魅力度	高い	増強	増強	現状維持
	中間	増強	現状維持	利益回収
	低い	現状維持	利益回収	利益回収

1）不適切である。プロダクト・ポートフォリオ・マネジメント（以下、
「PPM」という）においては、相対的市場占有率と市場成長率に基づいて
製品または事業を分類する一方、ビジネス・スクリーンにおいては、市場
魅力度と事業の強さ（地位）に基づいて事業を分類する。
2）不適切である。ビジネス・スクリーンとは、複数の事業への投資判断をす
るための手法である。

3）不適切である。本選択肢はPPMのメリットについての記述である。ビジネス・スクリーンのメリットは、軸や評価の内容が相対的なものであり、評価する過程で軸の設定や結論について柔軟な議論が可能であることである。

4）適切である。

正解 4）

3−12　ファイブ・フォース分析Ⅰ

《問》ファイブ・フォース分析（5つの競争規定要因）に関する次の記述
のうち、最も適切なものはどれか。
1）ファイブ・フォース分析とは、5つの競争規定要因に基づいて、企
業の内部環境を分析する手法である。
2）ファイブ・フォース分析による業界構造の分析結果は、企業が新規
事業への参入や、既存事業からの撤退を判断する材料として活用す
ることができる。
3）規制、許認可、監督官庁の意向等に基づき業界への参入障壁が高い
と考えられる場合、既に当該業界に参入している企業にとって、
「新規参入業者の脅威」が大きいと判断される。
4）テレビ業界にとって、動画配信サービスの利用者の増加は、「買手
（顧客）の脅威」として分析される。

・解説と解答・

　ファイブ・フォース分析とは、企業にとっての外部環境要因である業界の特
性を「競争業者の脅威」「買手（顧客）の脅威」「売手（供給業者）の脅威」
「新規参入業者の脅威」「代替製品・サービスの脅威」の5つの競争規定要因に
分類し、業界構造（業界の収益構造、競争状態、競争上のキーポイント等）を
分析する手法である。
1）不適切である。ファイブ・フォース分析は、企業の内部環境ではなく、業
界構造を分析する手法である。
2）適切である。ファイブ・フォース分析の分析結果は、業界の魅力度を判断
する材料となるため、企業が新規事業への参入や既存事業からの撤退など
を検討する際に有用である。
3）不適切である。参入障壁が高いと考えられる理由、背景等がある場合、既
に当該業界に参入している企業にとって、「新規参入業者の脅威」が小さ
いと判断される。
4）不適切である。テレビ業界にとって、動画配信サービスは同じ機能を果た
しうるものであり、「代替製品・サービスの脅威」として分析される。「買
手（顧客）の脅威」は、顧客の値下げ要求など、買手（顧客）から競争状
況への影響を指すものである。　　　　　　　　　　　　<u>正解　2）</u>

3－13　ファイブ・フォース分析Ⅱ

《問》ファイブ・フォース分析（5つの競争規定要因）に関する次の記述のうち、最も適切なものはどれか。
1）ファイブ・フォース分析は、外部環境である業界構造を分析する手法であり、企業内部における経営資源の配分の最適化を検討するうえでは活用することはできない。
2）「代替製品・サービスの脅威」とは、現在、市場に投入されている製品・サービスと同じ機能を果たしうる他の製品・サービスの出現可能性を指す。
3）多くの競合他社が存在し、顧客が価格の安い仕入先（購入先）を自由に選択できる業界は、「売手（供給業者）の脅威」および「競争業者の脅威」が大きいと分析される。
4）供給業者の数が少なく、かつ供給される商品が希少である場合は、供給量または供給価格の決定権を供給業者側が持つこととなり、「売手（供給業者）の脅威」が小さいと判断される。

・解説と解答・

1）不適切である。ファイブ・フォース分析は企業のおかれた外部環境を分析する手法であるが、分析から得られた自社の機会や脅威に関する情報は企業内部における経営資源の配分の最適化を検討するうえでも有用である。
2）適切である。なお、現時点で「代替製品・サービスの脅威」が存在することは既存事業者の収益性の低下を意味し、将来的な「代替製品・サービスの脅威」を考慮することにより、潜在的なライバル事業者の存在を明らかにすることができる。
3）不適切である。一般に、業界全体（または自社）の売上構成に占める特定（または一部の）顧客の割合が高い業界、買手（顧客）が複数の販売店から価格の安い店を自由に選択できる業界等は、「買手（顧客）の脅威」が大きいと分析される。
4）不適切である。サプライヤー（供給業者）の数が少なく、供給される商品の希少性が高い業界は、「売手（供給業者）の脅威」が大きいと分析される。「売手（供給業者）の脅威」の分析とは、サプライヤーとの資本関係、サプライヤーの数、供給される商品・サービスの希少性等の観点から、業界の競争状態を分析することである。

<u>正解　2）</u>

3－14　VRIO分析 I

《問》VRIO分析に関する次の記述のうち、最も不適切なものはどれか。

1）「経済価値の分析」とは、企業が保有する内部資源が、その企業が外部環境（機会・脅威）に適応することを可能とするかどうかを分析することである。

2）「希少性の分析」とは、企業が保有する内部資源が、競合他社と比較して希少価値のある資源であるかどうかを分析することである。

3）「模倣困難性の分析」とは、企業が保有する内部資源が、競合他社にとって簡単に模倣できない資源であるかどうかを分析することである。

4）「組織の分析」とは、企業を取り巻く外部環境を踏まえて、組織運営を行っているかどうかを分析することである。

・解説と解答・

　VRIO（ブリオ）分析とは、企業の持続的な競争優位性の源泉を、「経済価値（Value）」「希少性（Rarity）」「模倣困難性（Inimitability）」「組織（Organization）」の4つの視点から分析する手法である。VRIO分析は、企業の持続的な競争優位性の源泉を企業の内部環境に求めるという点で、当該源泉を外部環境に求める「ファイブ・フォース分析」とは異なる。

1）適切である。「経済価値の分析」では、企業が保有する内部資源が、外部環境に対して適応することを可能にしているかを客観的に評価する。例えば、企業が保有する設備について、保有していることが売上増加やコスト削減に寄与しているか否か（経済価値があるか否か）を分析する。

2）適切である。「希少性の分析」では、企業が保有する内部資源に、どの程度の希少性があるかについて分析する。希少性が高ければ競合他社に模倣されにくくなり、有利にビジネスを進めやすくなる。

3）適切である。「模倣困難性の分析」では、企業が保有する内部資源が、競合他社が容易に模倣できるか否かについて分析する。誰でもすぐに模倣できるものであれば、初めのうちは優位に立っていたとしても、その状況を持続させるのは困難となる。

4）不適切である。「組織の分析」では、企業が自社の内部資源を活用できる組織を有しているか否かを分析する。

<u>正解　4）</u>

3−15　VRIO分析Ⅱ

《問》VRIO分析に関する次の記述のうち、最も適切なものはどれか。

1）VRIO分析は、「異なる業界に属する企業ごとの競争力の違いはなぜ生じるのか」を出発点としたJ.B.バーニーの戦略論に基づくフレームワークである。

2）話題性のある新商品を開発することはできるが、類似商品の登場によりすぐにシェアを奪われてしまう企業の商品企画力は、VRIO分析において「経済価値がある」「希少価値がある」「模倣困難性に欠ける」と分析される。

3）企業として高い技術開発力を有する一方、その技術開発力が特定の技術者の暗黙知に依存している場合、この企業の技術開発力は、VRIO分析において「経済価値に欠ける」「希少価値に欠ける」と分析される。

4）企業として高い技術開発力を有する一方、その技術開発力が特定の技術者の暗黙知に依存している場合、この企業の技術開発力は、VRIO分析において「組織性に問題がある」と分析される。

・解説と解答・

1）不適切である。J.B.バーニーの戦略論は、「同じ業界に属する企業ごとの競争力の違いはなぜ生じるのか」が出発点となっている。

2）不適切である。本選択肢の企業の商品企画力は、VRIO分析において「経済価値がある」「希少価値に欠ける」「模倣困難性に欠ける」と分析される。

3）不適切である。本選択肢の企業の技術開発力は、VRIO分析において「経済価値がある」「希少価値がある」「模倣困難性がある」「組織性に問題がある」と分析される。

4）適切である。本選択肢の企業が持続的な競争優位性を確立するためには、特定の技術者の暗黙知を受け継ぐ後継者の育成、特定の技術者の暗黙知の文書化やデータ化等が必要と考えられる。

<u>正解　4）</u>

3-16　STPマーケティング I

> 《問》ターゲティング（標的市場選定）は、STPマーケティングのプロ
> セスの1つである。コトラーは、ターゲティングの手法を、「非差
> 別化マーケティング」「差別化マーケティング」「集中化マーケティ
> ング」に分類した。このコトラーの分類に関する次の記述のうち、
> 最も不適切なものはどれか。
> 1）インターネットのホームページを利用して不特定多数の顧客にアプ
> 　　ローチすることにより販売拡大を目指す手法は、非差別化マーケ
> 　　ティングに分類される。
> 2）差別化マーケティングは、各セグメントに応じて、きめ細かいマー
> 　　ケティングを展開する手法である。この手法は、経営資源の限られ
> 　　た中小企業が大企業に対抗し、競争優位を確保する手法として利用
> 　　される。
> 3）集中化マーケティングは、少数の特定のセグメント向けに経営資源
> 　　を集中投下する手法である。標的とするセグメントの選定が適切で
> 　　あれば、経営資源の限られた中小企業であっても、集中化マーケ
> 　　ティングにより競争優位を確保することが可能である。
> 4）非差別化マーケティングと差別化マーケティングは、いずれも全市
> 　　場（全セグメント）を対象としてマーケティング戦略を展開する手
> 　　法である。

・解説と解答・

　STPマーケティングとは、コトラーにより提唱されたマーケティングの分析
手法の1つで、「セグメンテーション（Segmentation：市場細分化）」「ターゲ
ティング（Targeting：標的市場選定）」「ポジショニング（Positioning：顧客
への提供価値の明確化）」の各プロセスの頭文字を取ったものである。

　STPマーケティングにおいては、企業は、まずセグメンテーションのプロセ
スで市場を地理的変数、人口統計学的変数、社会・心理的変数、行動変数と
いった観点から、複数のセグメント（市場）に細分化する。次に、ターゲティ
ングのプロセスでは、細分化したセグメントの内、顧客ニーズに対応可能で、
自社が有利にビジネスを展開できるセグメントを選定する。最後に、ポジショ
ニングのプロセスで顧客に提供する価値を明らかにする。

　コトラーは、ターゲティング（標的市場選定）のアプローチ手法を、「標的セグメント」と「マーケティング・ミックス（マーケティングの実行戦略）」の２軸に基づき、以下の３つのパターンに分類した。

分類	アプローチ手法
非差別化マーケティング	同一のマーケティングを全セグメントに対して投入する。
差別化マーケティング	複数のマーケティングをそれぞれ異なるセグメントに対して投入する。
集中化マーケティング	少数の特定のセグメントに対して経営資源を集中的に投入する。

1）適切である。インターネットを活用して市場へアプローチする手法は、非差別化マーケティングに分類され、不特定多数の顧客にアプローチする手法として優れている。しかし、需要が生じた場合に製品供給の体制を整備することが困難な場合が多いため、経営資源の限られた中小企業には一般に適さない手法である。

2）不適切である。差別化マーケティングは、顧客層に応じたきめ細かいマーケティングを展開する手法であるが、マーケティングの規模が大きく多額のコストもかかるため、経営資源の限られた中小企業には採択困難な手法とされている。

3）適切である。集中化マーケティングは、中小企業が採用する代表的なマーケティング戦略である。集中化マーケティングを採択した企業は、標的とするセグメントに対して経営資源を集中させるため、セグメントの選定が適切であれば、経営資源の限られた中小企業でも競争優位を確保することが可能である。

4）適切である。非差別化マーケティングと差別化マーケティングは、いずれも全セグメンテーションを対象としてマーケティングを展開する手法である。

正解　2）

3-17　STPマーケティングⅡ

《問》ターゲティング（標的市場選定）は、STPマーケティングのプロセスの1つである。エイベルは、ターゲティングの手法を、「全市場浸透」「製品専門化」「市場専門化」「選択的専門化」「単一セグメント集中」に分類した。このエイベルの分類に関する次の記述のうち、最も適切なものはどれか。

1）「全市場浸透」は、同一のマーケティングを全セグメントに対して展開するマス・マーケティングの手法である。
2）飲食店向けに特化して、店舗設計、広告宣伝アドバイス、什器備品の提供等の複数の商品・サービスを提供するマーケティング手法は、「製品専門化」に分類される。
3）特定の製品・サービスを複数のセグメントに対して販売するマーケティング手法は、「市場専門化」に分類される。
4）特定の1つのセグメントに対して特定の1つの商品・サービスを提供するマーケティング手法は、「単一セグメント集中」に分類され、顧客ニーズを把握しやすく、専門化されたマーケティング・ミックスを構築しやすいという特徴を有する手法である。

●解説と解答●

　エイベルは、標的市場選定のアプローチ手法を、「標的市場」と「投入する製品」の2軸に基づき、以下の5つのパターンに分類した。

分類	アプローチ手法
全市場浸透	全セグメントを対象としたマーケティングを展開する。
製品専門化	特定の製品・サービスを単一のセグメントに提供する。
市場専門化	複数の製品・サービスを特定のセグメントに提供する。
選択的専門化	複数のセグメントを選択し、製品・サービスを提供するが、各セグメントにおけるマーケティング展開には関連性がない。

単一セグメント集中	単一の製品・サービスを単一のセグメントに集中的に提供する。

1）不適切である。「全市場浸透」は、全セグメントを対象としてマーケティングを展開する手法であるが、全セグメントに対して同一のマーケティングを展開するか、セグメントごとに別々のマーケティングを展開するかについては直接の関連性がない。なお、コトラーの分類における「非差別化マーケティング」「差別化マーケティング」は、いずれも全セグメントを対象としたマーケティング手法であり、エイベルの分類においては「全市場浸透」に該当する。

2）不適切である。本選択肢の内容は、「市場専門化」に分類される。「市場専門化」は、特定のセグメントに対して、複数の製品・サービスを提供するマーケティング手法である。

3）不適切である。本選択肢の内容は、「製品専門化」に分類される。「製品専門化」は、特定の製品・サービスの分野で高い技術を有する企業が採択するマーケティング手法である。

4）適切である。

正解　4）

3 − 18　事業ドメイン

《問》ドメインとは企業が経営環境の中で選択した自社ビジネスにとって適切な企業活動の範囲や領域のことである。ドメインに関する次の記述のうち、最も不適切なものはどれか。

1) エイベルの定義によると、ドメインは、「標的顧客」「顧客機能」「技術」の 3 つの次元からなる。
2) ドメインの定義に際して、「モノ」に着目して規定する方法を物理的定義といい、「コト」に着目して規定する方法を機能的定義という。
3) ドメインは会社の方向性の根本を定義するものであることから、一度決定した後は、変更しないことが望ましい。
4) 企業が複数の事業を営む場合は、包括的な企業ドメインだけではなく、各事業において、より具体的な事業ドメインを定義する必要がある。

● 解説と解答 ●

1) 適切である。「誰に」「何を」「どのように」提供するかを定義する。
2) 適切である。物理的定義とは、例えば、化粧品会社を「化粧品の製造・販売」と定義することであり、わかりやすい反面、事業の発展性の面で見ると乏しい。これに対して機能的定義では「美しさを通じて幸せを提供する」といったように定義する。機能的定義の方が、事業の発展性を志向して定義できる一方、事業の具体性に欠けるといった側面がある。
3) 不適切である。ドメインは経営環境の変化により随時、見直し（再定義）が必要となる。
4) 適切である。企業が複数の事業を展開する場合、企業ドメインを起点として全社戦略が展開され、企業ドメインに合わせてより具体的な各事業のドメインが規定される。

正解　3)

3-19 コトラーの競争地位戦略

《問》コトラーの競争地位戦略における企業の４つの類型（リーダー、チャレンジャー、ニッチャー、フォロワー）に関する次の記述のうち、最も適切なものはどれか。

1）「リーダー」は、市場規模の拡大により高い恩恵を受けることができ、市場全体に対するフルライン戦略や競合他社の差別化戦略に対する同質化戦略が有効である。

2）「チャレンジャー」は、マーケットシェアの維持を目指し、リーダーを模倣することで限られた経営資源を効果的に投入する模倣戦略が有効である。

3）「ニッチャー」は、特定の市場においてマーケットシェアの拡大を目指し、リーダーに対する差別化戦略が有効である。

4）「フォロワー」は、特定の市場において強みを発揮することができ、特定の市場に経営資源を集中的に投入する集中化戦略が有効である。

解説と解答

競争地位戦略とは、コトラーにより提唱された、同業界内における競争地位に応じて、企業の取るべき戦略が変わるという考え方である。

コトラーは企業が保持している経営資源の質と量の２軸に基づいて、下図のとおり、企業の競争地位を「リーダー」「チャレンジャー」「ニッチャー」「フォロワー」に分類した。

		量的経営資源	
		多	少
質的経営資源	高	リーダー	ニッチャー
	低	チャレンジャー	フォロワー

1）適切である。「リーダー」は、業界内で最大シェアをもつ企業を指す。市場規模の拡大により高い恩恵を受けることができるため、市場全体に対するフルライン戦略や競合他社の差別化戦略に対する同質化戦略により、２

　　位以下の企業の追従を防ぐことが有効である。

2）不適切である。「チャレンジャー」は、業界内において市場シェアの拡大を図る2位以下の企業を指す。マーケットシェアの拡大を目指し、リーダーに対する差別化戦略をとることが有効である。

3）不適切である。「ニッチャー」は、業界内の他の企業が無視したり見落としたりしている小さなセグメント（ニッチ市場）をターゲットとする企業を指す。特定の市場において強みを発揮することができるため、特定の市場に経営資源を集中的に投入する集中化戦略が有効である。

4）不適切である。「フォロワー」は、業界内において市場シェアの維持を図る2位以下の企業を指す。リーダーを模倣することで限られた経営資源を効果的に投入する模倣戦略が有効である。

正解　1）

3－20　ポーターの競争戦略

《問》マイケル・ポーターは競争戦略として「差別化戦略」「コストリーダーシップ戦略」「集中戦略」の３つを掲げている。ポーターの競争戦略に関して次の記述のうち、最も不適切なものはどれか。
1）差別化戦略とは、独自性のある製品やサービスを提供することで、顧客に与える価値を他社と差別化しようとする戦略である。
2）コストリーダーシップ戦略とは、他社より低コストで製品を生産し、低価格で販売することを志向する戦略である。
3）集中戦略とは、業界内の特定セグメントに焦点を絞り、経営資源を集中させて優位性を獲得する戦略であり、さらに「コスト集中」と「差別化集中」の２つの戦略に細分化することができる。
4）ポーターの競争戦略においては「差別化戦略」と「コストリーダーシップ戦略」を同時に追う戦略は避けるべきとされているが、近年ではこの２つの戦略を両立させようとする戦略も存在する。

・解説と解答・

1）適切である。
2）不適切である。低コストで生産することで価格競争力を持つことは正しいが、かならずしも低コスト生産＝低価格販売ではない。例えば、ブランド力で市場のシェアを獲得している企業はサプライチェーンの最適化と量産で低コスト生産を実現していることが多いが、低価格販売は採用しない。低コスト生産企業が市場浸透価格政策をとった場合は、経験曲線効果で他社よりコスト低下の速度は速くなるといわれている。
3）適切である。
4）適切である。上記解説2）の例に加え、今日では差別化と低価格戦略を実現している企業も出現している。メガネチェーンのなかにはデザイン性を差別化要素として持ちながら、自社でサプライチェーンを統合し低コスト生産・低価格販売を通じてシェアを獲得している企業も存在している。

正解　2）

3-21　バリューチェーン分析

《問》マイケル・ポーターが提唱した、バリューチェーン分析に関する次の記述のうち、最も適切なものはどれか。

1) バリューチェーン分析は、原材料調達から製品出荷後の販売・マーケティング、アフターサービスまで含めた企業活動の流れを「付加価値の連鎖」と捉える考え方を前提とした分析手法である。

2) バリューチェーン分析は、企業にとって価値を持つ企業活動を把握する際に有用である。

3) バリューチェーン分析では、原則として、企業活動を、4つの主活動と5つの支援活動に分類して整理する。

4) 高品質・短納期を特徴とする組立てメーカーは、バリューチェーン分析において、「製造」と「サービス」の主活動に強みがあると分析される。

・解説と解答・

1) 適切である。

2) 不適切である。バリューチェーン分析の目的は、顧客が対価を払う価値が、自社のどの活動で生み出されているかの観点から、自社の経営資源および能力を評価することである。

3) 不適切である。バリューチェーン分析では、企業活動を、「購買物流」「製造」「出荷物流」「販売・マーケティング」「サービス」という5つの主活動と、その活動を支援する「全般管理（インフラストラクチャー）」「人事・労務管理」「研究技術開発」「調達活動」の4つの支援活動によって示している。ただしこれはあくまで基本であり、バリューチェーンの分析を行う場合は、業界のビジネスプロセスに合わせたバリューチェーンを描いて分析することが有効である。

4) 不適切である。バリューチェーン分析の5つの主活動のうち、高品質・短納期の実現に関係の深い活動は、「購買物流」と「製造」である。「サービス」とは、製品販売後のアフターサービスなどの段階を指すものである。

正解　1)

3－22　マーケティングの４Ｐ Ⅰ

《問》マーケティングの４Ｐの要素の１つである製品戦略に関する次の記述のうち、最も不適切なものはどれか。
1）顧客に対して提供する最も基本的な中核ベネフィットを「製品の核」といい、製品の特徴、品質、形状、ブランド、パッケージ等がこれに該当する。
2）消費財とは、一般消費者（個人、一般家庭等）が購入する製品であり、生産財とは、組織体（生産者、再販業者等）が購入する製品である。
3）製品ミックス（プロダクト・ミックス）に関する検討事項は、取り扱う製品ラインの幅（製品ラインの数）と、製品ラインの深さ（個々の製品ライン内の製品アイテムの数）の組合せの最適化である。
4）新たな製品ラインを作り出すこと、既存製品ラインへ新たな製品アイテムを追加することは、いずれも新製品開発であると位置づける考え方がある。

・解説と解答・

　マーケティングの４Ｐとは、マーケティング・ミックス（マーケティングの実行戦略）の構成要素である「製品戦略（Product）」「価格戦略（Price）」「流通経路戦略（Place）」「販売促進戦略（Promotion）」を指す。４Ｐの分析により、分析対象の企業が標的顧客に対して行う具体的アプローチを整理することができ、その適否を検討することができる。
1）不適切である。製品の特徴、品質、形状、ブランド、パッケージ等は「製品の形態」に該当する。
　製品計画を策定する際には、以下の３つの構造レベルについて検討する必要がある。
　・製品の核：製品が顧客に対して提供する最も基本的な中核ベネフィットのことをいう。例えば、洗濯機の場合、「衣類の汚れを落とす」という機能が該当する。
　・製品の形態：顧客が通常期待する製品の属性と条件、すなわち製品に関する具体的表現のことをいう。例えば、製品の特徴、品

質、形状、ブランド、パッケージ等が該当する。

・製品の付随機能：顧客の期待を上回る付随的サービスのことをいう。例えば、配達、取付け、保証、アフターサービス等が該当する。

2）適切である。

3）適切である。なお、「製品アイテム」とは、個別の名称で表現できる製品の最小単位である。また、製品アイテムを特性、用途、顧客層、チャネル等に基づき分類した製品アイテムのグループを「製品ライン」という。

4）適切である。ブーズ・アレン・ハミルトン社は、新製品を以下の6つに分類した。

・革新的な新製品

・新しい製品ライン

・既存製品ラインへの追加

・既存製品の改良や変更

・リポジショニング

・コスト削減

上記の分類のとおり、新製品は企業の成長戦略と密接に結びついている。企業の新製品開発においては、自社の企業理念、経営戦略に適合させ、新製品の位置づけを明確化する必要があると考えられる。

<u>正解　1）</u>

3-23　マーケティングの4Ｐ Ⅱ

《問》マーケティングの4Ｐの要素の1つである製品戦略に関する次の
　　　㋐～㋒の記述のうち、適切なものはいくつあるか。

> ㋐　製品戦略を評価する際には、個々の製品等の評価に加え、製品
> 　　等の組合せ（製品ミックス）を評価することも必要である。
> ㋑　生産財の提供者と顧客の取引関係は、消費財の提供者と顧客の
> 　　取引関係より、長期間にわたり継続する傾向がある。
> ㋒　消費財は、製品の提供者が選択する流通チャネルにより、最寄
> 　　品、買回品、専門品に分類される。

1）1つ
2）2つ
3）3つ
4）0（なし）

・解説と解答・

㋐　適切である。製品ミックスは、用途、顧客層などにより分類された製品群
　　である「製品ライン」と、個々の製品である「製品アイテム」から構成さ
　　れる。一般に、製品ラインを広げると、より多くの顧客層をターゲットと
　　することが可能になる。また、ある製品ライン内の製品アイテムを豊富に
　　すると、顧客ニーズへのきめ細かな対応が可能となる。

㋑　適切である。一般に、消費財の顧客（消費財の購入者）と比較して、生産
　　財の顧客（生産財の購入者）の特徴は、大規模であること、顧客数が少数
　　であること、財の提供者との取引関係が長期間にわたり継続すること、専
　　門的な知識を有していること等が挙げられる。

㋒　不適切である。本選択肢に記載された分類は、製品の提供者（製造者）が
　　選択する流通チャネルによる分類ではなく、顧客の購買行動による分類で
　　ある。

　　・最寄品：顧客の購入頻度が高く、顧客が購入に費やす努力が最小限であ
　　　　　　　る製品を指す（例：食料品、日用雑貨等）。顧客は便利な最寄
　　　　　　　りの店で、日常習慣的または衝動的に製品を購入する。最寄品

　　は、一般に価格が安い。

・買回品：顧客の購入頻度が低く、顧客が購入に費やす努力が大きい製品を指す（例：衣料品、家具、家電等）。顧客は複数の製品の価格・品質・スタイル等を比較検討して購入する。買回品は、一般に価格が高い。

・専門品：顧客の購入頻度が非常に低く、顧客が購入に費やす努力が非常に大きい製品を指す（例：高級衣料品、自動車、高級貴金属等）。顧客は特別の知識・趣向・趣味等を有しており、製品が高価であることから計画的に購入する。専門品は、一般に価格が非常に高い。

したがって、適切なものは2つ。

<u>正解　2）</u>

3 −24　マーケティングの4P Ⅲ

《問》マーケティングの4Pの要素の1つであるプロモーション戦略は、現在では、デジタル技術の発達により企業から顧客への一方向の情報伝達よりも、企業と顧客間の双方向のコミュニケーションという性格が強くなっており、プロモーション・ミックスを構成する4つの要素（人的販売、広告、パブリシティ、セールス・プロモーション）の効果的な組合せを実践することとも捉えられる。プロモーション・ミックスを構成する4つの要素に関する次の記述のうち、最も適切なものはどれか。

1）人的販売とは、販売員が顧客に直接対応するコミュニケーション手法であり、販売員から顧客への直接のプレゼンテーションや質疑応答等の接客を通じて、顧客に関するさまざまな情報収集が可能であるというメリットがある。

2）広告のメリットは、企業や製品のイメージにあったメッセージを短期間、かつ、広範囲に伝達できること、広告費用が安価であること、ターゲットとする特定の顧客層を絞り込んだ効果的な情報伝達が可能であること等である。

3）パブリシティとは、企業を取り巻く利害関係者（ステークホルダー）に対して、自社の製品・サービスあるいは企業イメージを宣伝することにより、利害関係者との良好な関係を維持する諸活動全般を意味する。

4）セールス・プロモーションとは、インセンティブの付与を通じて、製品、サービスに対する意識や関心を高め販売量を維持することをねらいとするコミュニケーション方法であるが、通常、インセンティブは消費者に対して継続的に付与され、流通業者を対象として付与されることはない。

・解説と解答・

1）適切である。人的販売には、直接販売により、販売員と顧客との間の双方向のコミュニケーションが可能であるというメリットがある。反面、販売員の人件費が固定化されること、販売員の雇用維持・教育等のコストがかかること等のデメリットもある。

2）不適切である。広告には、企業や製品のイメージにあったメッセージを短期間かつ広範囲に伝達できるというメリットがある反面、広告費用が高いこと、TV等のマス媒体では不特定多数の顧客向けの一方的な情報伝達となってしまうこと等のデメリットもある。

3）不適切である。パブリシティとは、企業にとって有益な報道がなされるよう報道媒体（新聞、雑誌、テレビ等）に働きかけることである。報道する価値の判定は報道者側の判断に委ねられ、報道の時期や報道内容を企業側で管理できないという特徴がある。

4）不適切である。セールス・プロモーション（狭義の販売促進）とは、消費者や流通業者に対してインセンティブを付与することである。割引券の発行・懸賞の実施等は消費者向けプロモーションの例であり、大量仕入れによる値引・経営指導等は流通業者向けプロモーションの例である。

<u>正解</u>　1）

3−25　マーケティングの4P Ⅳ

《問》マーケティングの4Pの要素の1つである価格戦略の事例にダイナ
ミックプライシングがある。ダイナミックプライシングに関する次
の記述のうち、最も不適切なものはどれか。
1）商品の需要と供給の変動に対応させ、最適な価格設定が可能になる
ことは、ダイナミックプライシングのメリットである。
2）近年、AI（人工知能）を用いて需給状況を迅速に分析し、複雑に
異なる価格設定を実現するダイナミックプライシングの事例がみら
れている。
3）消費者のダイナミックプライシングに対する理解は進んでいるた
め、同じ商品やサービスが異なる価格で提供されることがあって
も、消費者に不満が生まれることはない。
4）競合他社の価格変動に迅速に対応することができ、競争力を維持し
やすくなることは、ダイナミックプライシングのメリットである。

・解説と解答・

1）適切である。ダイナミックプライシングとは、商品やサービスの価格を需
要や供給の変化に応じてリアルタイムで変動させる戦略をいい、旅行業界
などで多く取り入れられている。この戦略により、企業は需要が高い時に
は高価格を設定して利益を最大化し、需要が低い時には低価格を設定して
需要を喚起することができる。

2）適切である。これに伴って解析技術への投資が必要になるため、ダイナ
ミックプライシングの実現にあたり多額のコストがかかる事例もみられて
いる。

3）不適切である。旅行業界にとどまらず幅広い商品・サービスに裾野が広が
る一方で、価格に敏感な消費者からの反発を招く事例も多く発生してい
る。

4）適切である。

<u>正解　3）</u>

3-26　マーケティング・プロセス

《問》マーケティング・プロセスに関する次の記述のうち、最も不適切な
ものはどれか。

1)「市場機会の分析」とは、市場調査・マーケティング調査等によ
り、顧客ニーズに着目した分析を行うことをいい、SWOT分析と
は異なる手法で事業環境分析を行うものである。

2) 顧客の居住地域・生活様式等に基づく市場の細分化、標的市場の選
定、競合する他社製品との差別化を行うことは、「STP分析」に該
当する。

3) 取扱商品の組合せ、商品の販売価格、流通経路、販売促進策を決定
することは、「マーケティング・ミックスの構築」に該当する。

4) 企業は、マーケティング・ミックスを構築した後、マーケティング
計画（行動計画と予想財務諸表の作成、資源配分等）を実行し、実
績管理を行う必要がある。

・解説と解答・

　マーケティング・プロセスとは、企業がマーケティング戦略を立案し、実行
するまでの一連のプロセスのことを言い、「①市場機会の分析」「②STP分析」
「③マーケティング・ミックスの構築」「④マーケティング計画の立案・資源配
分」「⑤マーケティング計画の実行・管理」という順序で展開される。また、
「①市場機会の分析」「②STP分析」は戦略立案プロセスに分類され、「③マー
ケティング・ミックスの構築」「④マーケティング計画の立案・資源配分」「⑤
マーケティング計画の実行・管理」は戦術プロセスに分類される。

1) 不適切である。「市場機会の分析」とは、市場調査・マーケティング調査
等により、自社の内部環境・外部環境の情報収集を行うことである。収集
した情報のなかから、自社に有利な要素と不利な要素を抽出し、自社の経
営環境を整理・分析する「SWOT分析」の手法が用いられることも多い。

2) 適切である。「STP分析」は、自社商品（サービス）の価値や市場での位
置づけを明らかにし、マーケティングの方向性を決定することである。

3) 適切である。「マーケティング・ミックスの構築」とは、マーケティング
の4Pと呼ばれる「製品戦略」「価格戦略」「流通経路戦略」「販売促進戦
略」を組み合わせ最適な戦略を策定することである。

4) 適切である。「マーケティング計画の立案・資源配分」とは、マーケティング行動計画の策定、行動計画に基づく予想財務諸表の作成、経営資源の配分等を行うことである。「マーケティング計画の実行・管理」とは、マーケティング行動計画を実行するとともに、売上高・利益等の成果の管理を行い、計画と成果のギャップを分析し、必要であれば行動計画の修正を行うことである。

正解　1）

3－27 ランチェスター戦略

《問》ランチェスター戦略を大企業（強者）と中小企業（弱者）の企業経営に応用する考え方に関する次の記述のうち、最も不適切なものはどれか。

1）ランチェスターの第一法則に支配された競争状況は、中小企業に有利であり、大企業に不利である。

2）大企業が進出していないニッチな市場、広告効果の低い地域等における競争は、ランチェスターの第一法則に支配されると考えられる。

3）ランチェスターの第二法則に支配された競争状況においては、中小企業が大企業との競争に勝つ機会は少ないと考えられる。

4）ランチェスター戦略によれば、大企業が標的セグメントを設定するマーケティング戦略は、当該大企業が中小企業に対して接近戦型の競争を仕掛ける手段と位置づけられる。

・解説と解答・

ランチェスター戦略とは、F.W.ランチェスターが戦争における戦力と損害量の関係を2つの法則に数式化したものであり、ランチェスター法則とも呼ばれる。

1）適切である。ランチェスターの第一法則とは「一騎打ち・接近戦」の性質を有する戦い（競争）を支配する法則であり、「戦力＝武器の性能（質）×兵士の数（量）（武器の性能が同じならば、戦力は兵士の数に比例する。兵士の数が同じならば、戦力は武器の性能に比例する）」という法則である。ランチェスターの第一法則に支配された競争状況は中小企業に有利であり、大企業に不利であるとされている。

2）適切である。大企業が進出していないニッチな市場、広告効果の低い地域等において中小企業が局地戦型、接近戦型の競争を仕掛けることにより、強みを発揮できると考えられる。

3）適切である。ランチェスターの第二法則とは「1対多の確率戦・遠隔戦」の性質を有する戦い（競争）を支配する法則であり、「戦力＝武器の性能（質）× $\{$兵士の数（量）$\}^2$（武器の性能が同じならば、戦力は兵士の数の二乗に比例する）」という法則である。ランチェスターの第二法則に支配

された競争状況は大企業に有利であり、中小企業に不利であるとされている。

4）不適切である。標的セグメントを設定するマーケティング戦略は、企業規模を問わず採られる戦略であり、大企業が中小企業に対して接近戦型の競争を仕掛ける手段と位置づけられているわけではない。なお、ランチェスター戦略によれば、セグメントを細分化し、大企業の死角となっているセグメントに戦力を集中して接近戦型の競争を仕掛けることは、一般に中小企業にとって有利な戦略であるといえる。

正解　4）

3－28 新たなビジネスモデルⅠ

《問》SPA（Specialty Store Retailer of Private Label Apparel）と呼ばれるビジネスモデルに関する次の記述のうち、最も適切なものはどれか。
1）SPAとは、製造業者（メーカー）が、卸売業者と小売業者との取引コストを最小化し、小売価格を引き下げることにより、販売量を最大化するビジネスモデルである。
2）卸売業者等を介在させた場合に発生する流通コストを排除することにより商品の低価格化を実現できることは、SPAのメリットである。
3）卸売業者を通じて顧客ニーズを把握でき、顧客ニーズを反映した商品開発を行うことができることは、SPAのメリットである。
4）小売店舗の運営により、顧客ニーズを把握することができることはSPAのメリットであるが、適時適量の生産を行うことが困難となる可能性があることはSPAのデメリットである。

・解説と解答・

　SPAとは、企画から製造、消費者への販売までを一貫して行うことで、流通コストを最小化し、顧客ニーズに迅速に対応できるビジネスモデルである。製造業が主体となる場合だけでなく、小売業が製造の分野まで踏み込み自社オリジナル商品の開発を行って販売する場合もある。
1）不適切である。SPAは、流通コストの削減により小売価格を引き下げることが可能であり、また、売れ行きに応じた機動的な生産調整ができるため、売れ残りリスクの低減にもつながるという特徴があるが、販売量の最大化を目指すものではない。
2）適切である。このほかに、製造のリードタイムを短縮できるため、売行きに応じた追加生産がしやすいということも、SPAのメリットである。
3）不適切である。製造業者（メーカー）自らが、卸売業者を介在せず、小売店舗を通じて顧客ニーズを直接的に把握でき、顧客ニーズを反映した商品開発を行うことができることが、SPAのメリットである。
4）不適切である。小売店舗を運営することにより、顧客ニーズを直接的に把握できることと、適時適量の生産を行うことができることは、いずれもSPAのメリットである。

正解　2）

3-29　新たなビジネスモデルⅡ

《問》複数の小売店舗を運営する企業が採用する「ドミナント戦略」に関する次の記述のうち、最も不適切なものはどれか。
1）ドミナント戦略とは、特定の地域に集中的に店舗展開を行うことにより、経営効率の向上、地域内シェアの拡大、競合他社対比の優位性確保を実現しようとする戦略である。
2）ドミナント戦略を採用する企業は、店舗間の配送コストや、広告宣伝費の削減、特定地域における住民の認知度向上等の効果を期待できる。
3）店舗出店コストの総額が大きくなること、店舗同士による顧客の奪い合い（カニバリゼーション）が発生する可能性があることは、いずれもドミナント戦略のデメリットである。
4）ドミナント戦略の目的は、卸売業者と小売業者との取引コストを最小化し、小売価格を引き下げることにより、販売量を最大化することである。

・解説と解答・

1）適切である。ドミナント戦略をとる代表的な例として、コンビニストアが挙げられる。
2）適切である。ドミナント戦略を採用する企業は、店舗間の配送コストの削減（店舗間の距離が近いため）、広告宣伝費の削減（特定地域に集中出店するため）、特定地域の住民の認知度向上（特定地域に集中出店するため）等の効果が期待できる。
3）適切である。このほかに、地震等の災害が発生した場合、地域内の店舗すべてが被害を受けリスクが集中する可能性があることもドミナント戦略のデメリットである。
4）不適切である。選択肢1）にあるとおり、ドミナント戦略とは、特定の地域に集中的に店舗展開を行うことにより、経営効率の向上、地域内シェアの拡大、競合他社対比の優位性確保を実現しようとする戦略であり、卸売業者との取引コストを最小化することを目的とした戦略ではない。

<u>正解　4）</u>

3-30　デジタルマーケティング

《問》インターネットの普及により、さまざまなデジタルマーケティング
　　の手法が開発されるようになっており、企業と顧客との関係は大き
　　く変化しつつある。デジタルマーケティングで用いられる手法や考
　　え方に関する次の記述のうち、最も不適切なものはどれか。
1）ソーシャルメディア（SNS）を利用して、ブランドの露出を増や
　　し、消費者とのコミュニケーションを図る手法は、企業のブラン
　　ディングやファンの獲得、売上の増大を図るうえで有効である。
2）消費者の購買行動を促進するためのプロセスとして、従来のマーケ
　　ティングでは「AISASの法則」が主流であったが、デジタルマー
　　ケティングにおいては、「AIDMAの法則」が用いられるようになっ
　　た。
3）検索エンジンの検索結果で上位に表示されるようにするための手法
　　やプロセスをSEO（Search Engine Optimization）という。
4）オムニチャネルの目的は、顧客がどのチャネルを使っても一貫性の
　　あるサービスと情報を受け取ることができ、シームレスな体験を可
　　能にすることである。

・解説と解答・

1）適切である。
2）不適切である。従来のマーケティングでは、「AIDMA（アイドマ）の法
　　則」が一般的であったのに対し、デジタルマーケティングにおいては、
　　「AISAS（アイサス）の法則」が用いられるようになった。

　　なお、消費者が商品を知り、購入するまでの購買行動は、AIDMAの法
　　則では、①認知・注意（Attention）、②興味・関心（Interest）、③欲求
　　（Desire）、④記憶（Memory）、⑤行動（Action）の5段階で構成されて
　　いるのに対し、AISASの法則では、①認知・注意（Attention）、②興味・
　　関心（Interest）、③検索（Search）、④行動（Action）、⑤共有（Share）
　　の5段階で構成されている。
3）適切である。検索エンジンで検索した場合、まず上位にリスティング広告
　　が表示され、そのあとに広告でない検索（オーガニック検索）の結果が上
　　位から表示される。オーガニック検索の上位に表示されるにはSEO対策が

必要になる。

4）適切である。オムニチャネルとは、企業が複数の異なるチャネル（店舗、ウェブサイト、アプリ、電話注文などの集客媒体、経路）を使い、顧客とのタッチポイントを構築することをいう。類似する手法のマルチチャネルでは、複数のチャネルがそれぞれ独立したタッチポイントであるのに対し、オムニチャネルでは、複数のチャネルは一体化され、統合された顧客体験を提供する。

正解　2）

3 −31　経営計画の策定・実行支援 I

> 《問》経営計画の役割、機能等に関する次の記述のうち、最も不適切なも
>   のはどれか。
> 1) 経営計画が全社員に対して開示されることにより、社員の意欲、経
>   営への参加意識が高まるとともに、目標達成に対する経営者のコ
>   ミットメントが向上することが期待できる。
> 2) 経営計画は、全社的な計画を構成している各部門の計画と整合して
>   いる必要があり、かつ、各部門の計画は、各従業員の業務目標と結
>   びついていなければならない。
> 3) 経営計画とは、企業の経営理念を具現化するための手法や道筋を示
>   すものではなく、売上、利益等の数値目標を示すものである。
> 4) 経営計画の策定・実行プロセスは、一般に、「現状把握」「経営戦略
>   等の検討」「経営計画策定」「経営計画の実行」「進捗管理」の順で
>   実施される。

・解説と解答・

1) 適切である。なお、経営計画を社内で開示しない場合、または管理職、経
   営陣等に限定して開示する場合は、経営管理機能が低下する可能性があ
   る。
2) 適切である。経営計画を着実に実行するためには、経営計画が各部門の計
   画・各従業員の業務目標と結びついている必要がある。
3) 不適切である。経営陣は、経営計画を策定することにより、企業の経営理
   念、ビジョンを具現化するための手法、道筋を示す必要がある。具体的に
   は、数値計画とその裏付けとなる行動計画がある。経営計画を明確かつ公
   式なものとし、その進捗状況を確認し、新たな課題が生じた場合は改善す
   るといったPDCAサイクルを回すことにより、経営目標達成の可能性が高
   まると考えられる。
4) 適切である。

<u>正解　3)</u>

3-32 経営計画の策定・実行支援Ⅱ

《問》経営計画策定をサポートする手段としての損益分岐点分析、商品別
　収支の分析、価格妥当性の検証に関する次の記述のうち、最も不適
　切なものはどれか。
　1）損益分岐点を引き下げるためには、価格の引上げ、固定費の削減、
　　変動費率の引下げ等の取組みが必要である。
　2）商品別収支の分析結果を個人や部門の評価、価格設定等の経営判断
　　に用いるためには、間接費を配賦するためのドライバー（特定の費
　　用の増減に「原動力」として直接的に影響する要因）の選定理由を
　　明確にする必要がある。
　3）全部原価計算による利益が赤字となっている商品の販売を中止した
　　場合、会社全体の損益が改善されることとなる。
　4）限界利益が赤字となっている商品は、会社全体の損益にマイナスの
　　影響を及ぼしているため、戦略的な位置づけが明確である場合を除
　　き、販売を中止すべきである。

・解説と解答・

　1）適切である。このほか、相対的に損益分岐点を引き下げるものとして、販
　　売量の増大といった方策も考えられる。
　2）適切である。このように、どの製品・サービスのために発生したのかがわ
　　かりにくい間接費を、それぞれの製品・サービスのコストとしてできるだ
　　け正確に配賦することによって、生産や販売活動などのコストを正確に把
　　握していこうという考え方をABC（Activity-Based Costing＝活動基準原
　　価計算）という。ABCにおける間接費の配賦基準（コスト・ドライバー）
　　には、①リソース・ドライバー（各アクティビティが消費したリソースの
　　コストを、個々のアクティビティごとに割り当てる基準）と、②アクティ
　　ビティ・ドライバー（各製品・サービスが消費したアクティビティを、
　　個々の製品・サービスに割り当てる基準）が存在する。
　3）不適切である。全部原価計算による利益は、間接費を含めたすべての費用
　　を反映させて算定された商品の収益であり、現状のコスト構造における商
　　品の収益性を表している。全部原価計算による利益が赤字となっている商
　　品の販売を中止した場合、当該商品からの収入をすべて失う一方、配賦さ

れている間接費の一部（情報システム関連費用等）は、当該商品の中止後
にも発生するため、販売中止によって会社全体の損益状況が悪化する場合
もある。

4）適切である。

正解　3）

3－33　経営危機時における対応力Ⅰ

《問》経営危機を招きやすい企業の体質に関する次の記述のうち、最も不適切なものはどれか。

1）特定の取引先（販売先）への集中度合いの高い企業は、経営危機を招きやすい体質の企業と考えられる。

2）自社でコントロールすべき事業範囲が事業規模と対比して狭い企業は、経営危機を招きやすい体質の企業と考えられる。

3）組織力が脆弱な企業は、問題発生の兆候が表れた時点での自浄作用が働かないため、経営危機を招きやすい体質の企業と考えられる。

4）経営危機を回避する意識が従業員に浸透していない企業、危機回避のための従業員教育が実施されていない企業は、いずれも経営危機を招きやすい体質の企業と考えられる。

・解説と解答・

1）適切である。取引先を集中させることは、企業にとって、業務効率の向上やコストダウン等一定のメリットがあるが、一方で、当該取引先を失った場合の経営に与える影響は大きく、経営危機を招くリスクが高いと考えられる。

2）不適切である。経営危機を招きやすい体質の企業は、自社でコントロールすべき事業範囲が事業規模と対比して相対的に広い企業である。

3）適切である。組織力が盤石であれば、問題発生の兆候が表れた時点で自浄作用が働き、経営危機を乗り切れる可能性が高いが、組織力が脆弱な企業は自浄作用が働かないため、問題が大きくなりやすく、経営危機を招くリスクが高いと考えられる。

4）適切である。

<u>正解　2）</u>

3 −34　経営危機時における対応力Ⅱ

《問》経営危機時における企業の対応力に関する次の記述のうち、最も適切なものはどれか。

1 ）換金可能な資産、担保価値のある資産を保有している企業は、資金繰りがひっ迫した時点での資金を確保し、危機回避のための施策を実行する時間的余裕を有すると考えられる。

2 ）ボトムアップの手続により担当者の意見を経営者へ伝達し、全社員の合意を形成するという意識が社内に浸透している企業は、強いリーダーシップをもつトップがいる企業よりも経営危機への対応が迅速であると考えられる。

3 ）経営危機が発生した場合、メインバンクの支援は期待できないため、企業はメインバンクをもつ必要はない。

4 ）取引金融機関に資金調達の役割のみを期待する企業は、経営危機が発生した場合の対応力が強いと考えられる。

・解説と解答・

1 ）適切である。

2 ）不適切である。ボトムアップの手続きにより全社員の合意形成を行っている企業は、強いリーダーシップをもつトップがいる企業よりも経営危機への対応に時間がかかる。経営危機を回避するための施策を迅速に実行する必要がある場合には、経営者がトップダウンで改革を断行する必要がある。

3 ）不適切である。日ごろから資金調達のみならず、経営全般について相談できるメインバンクが存在する企業は、一般に、経営危機発生時にメインバンクの支援を期待できることが多く、メインバンクの役割は大きいと考えられている。

4 ）不適切である。取引金融機関に資金面だけでなく経営全般を相談する精神的支柱としての役割を期待している企業の方が、日々の情報共有や相談を通じて築かれた信頼関係により、経営危機時にも取引金融機関からつなぎ資金や、各種手続も含めた他金融機関との調整などの支援を期待でき、経営危機が発生した場合の対応力が強いと考えられる。

正解　1 ）

3－35　衰退時の戦略

《問》衰退している事業や業界において、企業が生き延びていくためには、それまでとは違った戦略が必要になる。衰退時における戦略として、次のうち、最も不適切なものはどれか。
1）衰退している業界において、リーダーの地位を確保し、競合他社の市場退出を促す。
2）自社のドメインの再定義をし、衰退している事業分野の絞り込みや撤退を行い、新たな事業分野や成長産業への多角化を図る。
3）大規模な固定資産やリソース（施設、設備、在庫など）を持っている場合、これらの資産を売却したり、他の用途に転用したりする。
4）より細やかなサポートを顧客に提供することで、サービス水準を上げ、競合他社との差別化を図り、小口の顧客を獲得する。

・解説と解答・

1）適切である。この場合、競合他社の製品ラインを買収したのちにその製品ラインを縮小することがある。
2）適切である。一般に、事業多角化の動機の1つとして現事業の衰退があげられるが、この場合、現事業と無関係な事業分野への多角化ではなく、現事業に関連した事業分野への多角化が有効である。
3）適切である。こうした戦略をとることが難しい場合、撤退の障壁になることがある。
4）不適切である。衰退時においては、製品ラインの縮小や、小口顧客の切捨て、サービス品質の水準を下げることが一般的である。

<u>正解　4）</u>

第 4 章

取引先企業のライフステージに応じた各種支援策

4－1　ライフステージに応じたソリューション提案Ⅰ

《問》一般に、企業のライフステージは、「新興」「成長」「成熟」「成長鈍化」「衰退」に分類される。企業のライフステージに応じた金融機関の支援に関する次の記述のうち、最も不適切なものはどれか。

1）新興期にある顧客企業向けには、公的助成制度の紹介や、事業立上げ時の資金需要に対応することが有効な支援となりうる。

2）成長期にある顧客企業向けには、新たな販路獲得や新規事業の開拓のための支援のほか、事業拡大のための資金需要に対応することが有効な支援となりうる。

3）成長鈍化期にある顧客企業向けには、担保・保証の範囲内での融資により資金需要に対応するとともに、経営改善や生産性向上につながる支援を検討することが有効である。

4）衰退期にある顧客企業向けには、事業再生支援のほか、必要に応じて「経営者保証に関するガイドライン」を活用した円滑な廃業に向けた支援を検討することが有効である。

・解説と解答・

1）適切である。

2）適切である。このため、ビジネスマッチングや技術開発支援のほか、海外進出など新たな事業展開に向けた情報提言や助言も有効である。

3）不適切である。成長鈍化期にある顧客企業に対しては、担保・保証に必要以上に依存しない融資により資金需要に対応することが有効な支援となりうる。また、経営改善や生産性向上に向けた支援も有効と考えられる。

4）適切である。

正解　3）

4-2　ライフステージに応じたソリューション提案 II

《問》金融庁「中小・地域金融機関向けの総合的な監督指針」によれば、企業のライフステージ等は、以下の6類型に分類されている。これらの類型に応じたソリューション提案に関する次の記述のうち、最も不適切なものはどれか。

① 創業・新事業開拓を目指す顧客企業

② 成長段階における更なる飛躍が見込まれる顧客企業

③ 経営改善が必要な顧客企業（自助努力により経営改善が見込まれる顧客企業など）

④ 事業再生や業種転換が必要な顧客企業（抜本的な事業再生や業種転換により経営の改善が見込まれる顧客企業など）

⑤ 事業の持続可能性が見込まれない顧客企業（事業の存続がいたずらに長引くことで、かえって、経営者の生活再建や当該顧客企業の取引先の事業等に悪影響が見込まれる先など）

⑥ 事業承継が必要な顧客企業

1）地域金融機関は、さまざまなライフステージにある顧客企業の事業内容や成長可能性・持続可能性等を踏まえ、経営改善・生産性向上・体質強化等に向けたソリューションを提案する必要がある。

2）地域金融機関が「②成長段階における更なる飛躍が見込まれる顧客企業」に対して提供する支援策として、更なる飛躍のための販路拡大支援や新規事業の開拓支援のほか、停滞期に陥らないための生産性向上支援や体質改善支援が有効と考えられる。

3）地域金融機関が「③経営改善が必要な顧客企業」に対して提供する支援策として、新規の信用供与による新たな収益機会獲得支援、経費削減に着目した財務改善支援や経営改善計画の策定支援が有効と考えられる。

4）「⑥事業承継が必要な顧客企業」は、抜本的な事業再生や業種転換により経営の改善が見込まれる顧客企業であるため、貸付の条件の変更のほか、金融機関の取引地位や取引状況に応じ、DES・DDSやDIPファイナンスの活用を検討する必要がある。

・解説と解答・

1）適切である。（金融庁「中小・地域金融機関向けの総合的な監督指針」Ⅱ
－5－2－1(2)）

2）適切である。

3）適切である。新たな収益機会の獲得や中長期的な経費削減等が見込まれ、
それが債務者の業況や財務等の改善につながることで債務償還能力の向上
に資すると判断される場合には、新規の信用供与につながる。

4）不適切である。抜本的な事業再生や業種転換により経営の改善が見込まれ
る企業は、「⑥事業承継が必要な顧客企業」ではなく、「④事業再生や業種
転換が必要な顧客企業」である。

　　事業承継が必要な顧客企業には、後継者の有無や事業継続に関する経営
者の意向等を踏まえつつ、M&Aのマッチング支援、相続対策支援等を検
討する必要がある。また、MBO（マネジメント・バイアウト）やEBO
（エンプロイー・バイアウト）等を実施する際の株式買取資金などの事業
承継時の資金需要があれば、それに対応することがソリューションの一例
として示されている（金融庁「中小・地域金融機関向けの総合的な監督指
針」Ⅱ－5－2－1(2)顧客企業のライフステージ等に応じて提案するソ
リューション（例））。

正解　4）

4－3　ライフステージに応じたソリューション提案Ⅲ

《問》顧客企業のライフステージ等に応じて金融機関が提案するソリューション等に関する次の記述のうち、金融庁「中小・地域金融機関向けの総合的な監督指針」に照らし、最も不適切なものはどれか。

1）「創業・新事業開拓を目指す顧客企業」に対しては、技術力・販売力や経営者の資質等を踏まえて新事業の価値を見極め、公的助成制度の紹介やファンドの活用を含め、事業立上げ時の資金需要に対応する。

2）「成長段階における更なる飛躍が見込まれる顧客企業」に対して金融機関が提案するソリューションの1つとして、ビジネスマッチング等による販路拡大支援が考えられる。

3）「事業の持続可能性が見込まれない顧客企業」から貸付条件変更の申込みがあり、これを謝絶する場合には、金融機関が被る損失が拡大する可能性があることを経営者に伝えたうえで、経営者の納得性の有無にかかわらず、債務整理または自主廃業を提案する。

4）金融機関からの真摯な働きかけにもかかわらず財務内容の正確な開示に関して誠実な対応が見られない債務者については、金融機関の財務の健全性や業務の適切な運営の確保の観点を念頭に置きつつ、債権保全の必要性を検討する。

・解説と解答・

金融庁「中小・地域金融機関向けの総合的な監督指針」には、顧客企業のライフステージ等に応じて提案するソリューションとして、次のとおり例示されている。

Ⅱ－5－2－1　顧客企業に対するコンサルティング機能の発揮
(2)　最適なソリューションの提案
　顧客企業の経営目標の実現や経営課題の解決に向けて、顧客企業のライフステージ等を適切かつ慎重に見極めたうえで、当該ライフステージ等に応じて適時に最適なソリューションを提案する。
　その際、必要に応じ、顧客企業の立場に立って、他の金融機関、信用保証協会、外部専門家、外部機関等と連携するとともに、国や地方公共団体

の中小企業支援施策を活用する。

　また、今後、顧客企業を取り巻く状況が変化することを想定し、有事に移行してしまったときに提供可能なソリューションについても積極的に情報提供を行う等、顧客企業の状況の変化の兆候を把握し、顧客企業に早め早めの対応を促す。

　特に、顧客企業が事業再生、業種転換、事業承継、廃業等の支援を必要とする状況にある場合や、支援にあたり債権者間の調整を必要とする場合には、当該支援の実効性を高める観点から、外部専門家・外部機関等の第三者的な視点や専門的な知見・機能を積極的に活用する。

　なお、ソリューションの提案にあたっては、認定経営革新等支援機関（中小企業等経営強化法第31条１項の認定を受けた者をいう。以下、同じ。）との連携を図ることも有効である。

（参考）顧客企業のライフステージ等に応じて提案するソリューション（例）

顧客企業のライフステージ等の類型	金融機関が提案するソリューション	
		外部専門家・外部機関等との連携
① 創業・新事業開拓を目指す顧客企業	・技術力・販売力や経営者の資質等を踏まえて新事業の価値を見極める。 ・公的助成制度の紹介やファンドの活用を含め、事業立上げ時の資金需要に対応。	・公的機関との連携による技術評価、製品化・商品化支援 ・地方公共団体の補助金や制度融資の紹介 ・地域経済活性化支援機構との連携 ・地域活性化ファンド、企業育成ファンドの組成・活用
② 成長段階における更なる飛躍が見込まれる顧客企業	・ビジネスマッチングや技術開発支援により、新たな販路の獲得等を支援。 ・海外進出など新たな事業展開に向けて情報の提供や助言を実	・地方公共団体、中小企業関係団体、他の金融機関、業界団体等との連携によるビジネスマッチング ・産学官連携による技術開発支援

	施。 ・事業拡大のための資金需要に対応。その際、事業価値を見極める融資手法（不動産担保や個人保証に過度に依存しない融資）も活用。	・JETRO、JBIC等との連携による海外情報の提供・相談、現地での資金調達手法の紹介等
③　経営改善が必要な顧客企業（自助努力により経営改善が見込まれる顧客企業など）	・ビジネスマッチングや技術開発支援により新たな販路の獲得等を支援。 ・貸付けの条件の変更等。 ・新規の信用供与により新たな収益機会の獲得や中長期的な経費削減等が見込まれ、それが債務者の業況や財務等の改善につながることで債務償還能力の向上に資すると判断される場合には、新規の信用を供与。その際、事業価値を見極める融資手法（不動産担保や個人保証に過度に依存しない融資）も活用。 ・上記の方策を含む経営再建計画の策定を支援（顧客企業の理解を得つつ、顧客企業の実態を踏まえて経営再建計画を策定するために必要な資料を金融機関が作成することを含む）。	・中小企業診断士、税理士、経営指導員・よろず支援拠点・中小企業活性化協議会・知財総合支援窓口等からの助言・提案の活用（第三者の知見の活用） ・他の金融機関、信用保証協会等と連携した返済計画の見直し ・地方公共団体、中小企業関係団体、他の金融機関、業界団体等との連携によるビジネスマッチング ・産学官連携による技術開発支援

	定量的な経営再建計画の策定が困難な場合には、簡素・定性的であっても実効性のある課題解決の方向性を提案。	
④　事業再生や業種転換が必要な顧客企業（抜本的な事業再生や業種転換により経営の改善が見込まれる顧客企業など）	・貸付けの条件の変更等を行うほか、金融機関の取引地位や取引状況等に応じ、DES・DDS や DIP ファイナンスの活用、債権放棄も検討。 ・上記の方策を含む経営再建計画の策定を支援。	・地域経済活性化支援機構、東日本大震災事業者再生支援機構、中小企業活性化協議会等との連携による事業再生方策の策定 ・中小企業の事業再生等に関するガイドライン第三部に定める再生型私的整理手続の実施 ・事業再生ファンドの組成・活用 ・再生系サービサーの活用
⑤　事業の持続可能性が見込まれない顧客企業（事業の存続がいたずらに長引くことで、却って、経営者の生活再建や当該顧客企業の取引先の事業等に悪影響が見込まれる先など）	・貸付けの条件の変更等の申込みに対しては、機械的にこれに応ずるのではなく、事業継続に向けた経営者の意欲、経営者の生活再建、当該顧客企業の取引先等への影響、金融機関の取引地位や取引状況、財務の健全性確保の観点等を総合的に勘案し、慎重かつ十分な検討を行う。 ・その上で、債務整理等を前提とした顧客企業の再起に向けた	・中小企業の事業再生等に関するガイドライン第三部に定める廃業型私的整理手続の実施 ・慎重かつ十分な検討と顧客企業の納得性を高めるための十分な説明を行った上で、税理士、弁護士、サービサー等との連携により顧客企業の債務整理を前提とした再起に向けた方策を検討

	適切な助言や顧客企業が自主廃業を選択する場合の取引先対応等を含めた円滑な処理等への協力を含め、顧客企業自身や関係者にとって真に望ましいソリューションを適切に実施。 ・その際、顧客企業の納得性を高めるための十分な説明に努める。	
⑥　事業承継が必要な顧客企業	・後継者の有無や事業継続に関する経営者の意向等を踏まえつつ、M&Aのマッチング支援、相続対策支援等を実施。 ・MBOやEBO等を実施する際の株式買取資金などの事業承継時の資金需要に対応。	・事業承継・引継ぎ支援センター ・M&A支援会社等の活用 ・税理士等を活用した自社株評価・相続税試算 ・信託業者、行政書士、弁護士を活用した遺言信託の設定

（注1）　この図表の例示に当てはまらない対応が必要となる場合もある。
　　　　例えば、金融機関が適切な融資等を実行するために必要な信頼関係の構築が困難な顧客企業（金融機関からの真摯な働きかけにもかかわらず財務内容の正確な開示に向けた誠実な対応が見られない顧客企業、反社会的勢力との関係が疑われる顧客企業など）の場合は、金融機関の財務の健全性や業務の適切な運営の確保の観点を念頭に置きつつ、債権保全の必要性を検討するとともに、必要に応じて、税理士や弁護士等と連携しながら、適切かつ速やかな対応を実施することも考えられる。

（注2）　上記の図表のうち「事業再生や業種転換が必要な顧客企業」に対してコンサルティングを行う場合には、中小企業の再生支援のために、以下のような税制特例措置が講じられたことにより、提供できるソリューションの幅が広がっていることに留意する必要がある。
　　　　・企業再生税制による再生の円滑化を図るための特例（事業再生ファ

164

ンドを通じた債権放棄への企業再生税制の適用）
・合理的な再生計画に基づく、保証人となっている経営者による私
財提供に係る譲渡所得の非課税措置

1）適切である。上表①を参照。
2）適切である。上表②を参照。
3）不適切である。上表⑤を参照。事業の持続可能性が見込まれない顧客企業
から、貸付条件の変更等の申込みがあった場合、機械的にこれに応ずるの
ではなく、事業継続に向けた経営者の意欲、経営者の生活再建、当該顧客
企業の取引先等への影響、金融機関の取引地位や取引状況、財務の健全性
確保の観点等を総合的に勘案し、慎重かつ十分な検討を行う必要がある。
そのうえで、債務整理を前提とした顧客企業の再起に向けた適切な助言
や、顧客企業が自主廃業を選択する場合の取引先対応等を含めた円滑な処
理等への協力を含め、真に望ましいソリューションを提供する。その際に
は、顧客企業の納得性を高めるための十分な説明に努める。
4）適切である。上表（注1）を参照。

正解　3）

4 - 4　創業時の各種届出

《問》株式会社（内国法人である普通法人）を設立した場合の各種届に関する次の記述のうち、最も適切なものはどれか。

1) 設立の日（設立登記の日）の前日までに、定款の写しを添付した「法人設立届出書」を納税地の所轄税務署長に提出しなければならない。

2) 設立第1期目から青色申告の承認を受けようとする場合、その設立の日以後3カ月を経過した日と設立第1期の事業年度終了の日とのうちいずれか早い日の前日までに、「青色申告の承認申請書」を納税地の所轄税務署長に提出しなければならない。

3) 会社設立に伴い労働保険の適用対象となる労働者を1人以上雇用する場合、労働者を使用する事業を開始する日（労働保険の保険関係が成立する日）の前日までに、「労働保険保険関係成立届」を事業所の所轄労働基準監督署長へ提出しなければならない。

4) 会社設立に伴い雇用保険の適用対象となる労働者を1人以上雇用する事業所を設置する場合、労働者を使用する事業所を設置する日（雇用保険の保険関係が成立する日）以後2カ月以内に、「雇用保険適用事業所設置届」を事業所の所轄公共職業安定所長へ提出しなければならない。

・解説と解答・

1) 不適切である。内国法人（日本国内に本店または主たる事務所を有する法人）である普通法人または協同組合等を設立した場合、その設立の日（設立登記の日）以後2カ月以内に「法人設立届出書」を納税地の所轄税務署長に提出しなければならない。所轄税務署長に提出する「法人設立届出書」には、定款、寄付行為、規則または規約等の写しを添付する必要がある（本問は株式会社を設立した事例のため、定款の写しを添付する必要がある）。なお、「法人設立届出書」は、所轄税務署への提出が必須であるほか、必要に応じて、都道府県（都道府県税事務所）や市区町村（法人住民税課）に提出する。このうち、所轄税務署へ提出する場合の添付書類は定款の写しのみであるが、都道府県や市区町村へ提出する場合には定款の写しに加えて、登記事項証明書その他の添付書類が必要とされる場合もある

（法人税法148条1項、法人税施行規則63条）。

2）適切である（法人税法122条1項・2項1号）。

3）不適切である。労働者を使用する事業を開始した日（労働保険の保険関係が成立した日）の翌日から起算して10日以内に、「労働保険関係成立届」を事業所の所轄労働基準監督署長へ提出しなければならない（労働保険の保険料の徴収等に関する法律4条の2第1項、労働保険の保険料の徴収等に関する法律施行規則4条2項）。

4）不適切である。労働者を使用する事業所を設置した日（雇用保険の保険関係が成立した日）の翌日から起算して10日以内に、「雇用保険適用事業所設置届」を事業所の所轄公共職業安定所長へ提出しなければならない（雇用保険法施行規則141条1項）。

正解　2）

4－5　創業・新事業展開支援

> 《問》創業または新事業展開における金融面での支援策に関する次の記述
> のうち、最も適切なものはどれか。ただし、融資、助成金等の支援
> 策については、支援を受ける者の資格要件、支援対象となる事業計
> 画等の審査を経て最終的な採択の可否、支援の金額等が決定され
> る。
>
> 1）日本政策金融公庫（中小企業事業）の「女性、若者／シニア起業家
> 　支援資金」は、女性、35歳未満、または55歳以上のいずれかに該当
> 　する者であり、かつ新規開業して10年以内の者を対象とする融資制
> 　度である。
> 2）経営者保証改革プログラムの一環として創設された信用保証協会の
> 　「スタートアップ創出促進保証」は、一定の要件を満たす創業予定
> 　者や設立後5年未満の法人等を保証対象者として、経営者保証の徴
> 　求を不要とする信用保証制度である。
> 3）日本政策金融公庫（中小企業事業）による「新事業育成資金」によ
> 　る融資の対象となる新事業は、原則として事業化されておおむね3
> 　年以内である。
> 4）日本政策金融公庫（中小企業事業、国民生活事業）と沖縄振興開発
> 　金融公庫が取り扱う「再挑戦支援資金（再チャレンジ支援融資）」
> 　は、過去に廃業歴を有する経営者が営む法人が、開業後10年以内に
> 　おいて利用できる。

・解説と解答・

1）不適切である。日本政策金融公庫（中小企業事業）による「女性、若者／
　シニア起業家支援資金」は、女性、または35歳未満の者か55歳以上の者で
　あって、新たに事業を始める者または事業開始後おおむね7年以内の者を
　対象としている。
2）適切である。信用保証協会の「スタートアップ創出促進保証」は、経営者
　保証改革プログラムの一環として2023年3月より開始された制度であり、
　創業後または分社化後5年未満の法人、創業予定者・分社化予定者等を保
　証対象者として、経営者保証を徴求しない保証制度である。ガバナンス向
　上のための工夫として、原則として会社設立3年目および5年目におい

て、中小企業活性化協議会によるガバナンス態勢の整備に関するチェックを受け、結果を記したチェックシートを、金融機関経由で信用保証協会に提出するという点に特徴がある。

3）不適切である。日本政策金融公庫（中小企業事業）の「新事業育成資金」を利用することができるのは、高い成長性が見込まれる新事業を行う中小企業者であって、「新事業が事業化されておおむね7年以内であること」、「日本政策金融公庫（中小企業事業）が継続的に経営課題に対する経営指導を行うことにより、円滑な事業の遂行が可能と認められること」などの要件を満たすことが必要とされる。

4）不適切である。日本政策金融公庫（中小企業事業、国民生活事業）と沖縄振興開発金融公庫が取り扱う「再挑戦支援資金（再チャレンジ支援融資）」は、①廃業歴等を有する個人または廃業歴などを有する経営者が営む法人であること、②廃業時の負債が新たな事業に影響を与えない程度に整理される見込みなどであること、③廃業の理由・事情がやむを得ないものなどであることのすべての要件に該当する者で、かつ、新たに開業する者または開業後おおむね7年以内の者が対象となり、審査のうえ融資の可否が決定される。

正解　2）

4－6 株式公開支援

《問》株式公開（株式上場）に関する次の記述㋐～㋒の記述のうち、適切なものはいくつあるか。

㋐ 東京証券取引所に開設されたプライム市場、スタンダード市場、およびグロース市場への上場企業には、国際的に確立された情報開示の仕組みである「TCFD提言」に基づいた情報開示が事実上義務化されている。

㋑ 東京証券取引所に開設されたグロース市場および各証券取引所に開設された新興・成長企業向け市場の上場審査は、証券取引所ではなく、主幹事の証券会社により行われる。

㋒ 金融機関は、株式公開が可能な取引先企業を引受証券会社に紹介し、引受証券会社から手数料を受領する業務を行うことができる。

1）1つ
2）2つ
3）3つ
4）0（なし）

・解説と解答・

㋐ 不適切である。「TCFD提言」とは、気候変動要因に関する適切な投資判断を促すための情報開示を促すことを目的として、TCFD（気候変動関連財務情報開示タスクフォース）が公表した提言である。東京証券取引所プライム市場への上場企業には、「コーポレートガバナンス・コード」により、「TCFD提言」に基づいた情報開示を行うことが事実上義務化されているが、スタンダード市場、グロース市場への上場企業には、こうした義務は課されていない。

㋑ 不適切である。新興・成長企業向け市場の上場審査においては、主幹事証券会社や監査法人等の意見が重視されることはあるが、新興・成長企業向け市場であるか否かを問わず、証券取引所への上場審査は証券取引所が行うものであり、主幹事証券会社が行うものではない。また、東京証券取引

所に開設されたグロース市場の上場審査においては、対象企業の企業内容やリスク情報の開示の適切性が重視されるという特徴がある。

㋒　適切である。金融機関（銀行等）が行う業務のうち、株式公開等を指向する取引先企業に対して株式公開等に関するアドバイスを行う業務、株式公開等が可能な取引先企業を引受証券会社に紹介する業務を、「市場誘導業務」という。市場誘導業務は、銀行法上の「その他の付随業務」として位置づけられており、金融機関（銀行等）は、市場誘導業務に取り組むことにより、取引先企業へのサービス提供力を強化することができるとともに、取引先企業からのコンサルティングフィー受領、証券会社からの顧客紹介料の受領等の収益機会を得ることができる。

　したがって、適切なものは1つ。

正解　1）

4－7　ビジネスマッチング

《問》金融機関がビジネスマッチングによる取引先支援を行う意義、メリット、デメリット等に関する次の記述のうち、最も適切なものはどれか。

1）金融機関が取引先に対して行うビジネスマッチングは、銀行法上の「固有業務」として位置づけられることが明確化されており、多くの金融機関が積極的に展開している。

2）金融機関が行うビジネスマッチングは、金融機関にとっての収益力強化の手段の1つであるが、取引先企業の収益力強化には寄与しない。

3）金融機関にとって、ビジネスマッチングは、取引先企業の売上増加と仕入コスト削減のいずれの課題の解決にも貢献できる有効なサービスである。

4）金融機関がビジネスマッチングを行った場合のデメリットの1つに、新規取引先の獲得を期待できないことが挙げられる。

・解説と解答・

1）不適切である。金融機関が取引先に対して行うビジネスマッチングは、銀行法上の「その他の付随業務」として位置づけられることが明確化されている。なお、銀行法上の「固有業務」は、「3大業務」とも呼ばれ、預金、貸付、為替の3つの業務を指す。

2）不適切である。金融機関が実践するビジネスマッチングは、金融機関にとっての収益力強化の手段の1つであるだけでなく、取引先企業にとっての収益力強化（売上増加、仕入コスト削減等）にも寄与する。また、金融機関にとっては、他の金融機関との差別化を図る情報提供力強化の手段の1つでもある。

3）適切である。金融機関は、ビジネスマッチングを実践することによって取引先企業の売上増加（販売先の紹介等）、仕入コスト削減（新たな仕入先の紹介等）のいずれの課題解決にも寄与できる。ビジネスマッチングは、中小企業が抱える経営課題を解決する有効なツールであり、事業拡大、事業強化、合理化等の様々な課題への対応が可能である。

4）不適切である。金融機関は、ビジネスマッチングを実践することによって

既存の取引先企業との信頼関係を強化するとともに、新規取引先の獲得も見込むことができる。

<u>正解　3）</u>

4－8　海外進出支援

《問》金融庁「金融機関による企業の海外進出支援の促進に向けて」の内容に関する次の記述のうち、最も適切なものはどれか。
1) 海外市場に関する情報提供は、地域金融機関が行う海外進出支援に該当する。
2) 地域金融機関は、海外との取引がまったくない取引先に対して、海外進出や海外取引の潜在的なニーズがあるとみなし、営業活動を行ってはならない。
3) 有料で実施する海外企業とのビジネスマッチングは、地域金融機関が行う海外進出支援には該当しない。
4) 金融機関による取引先の海外進出支援は、金融機関自身の収益機会の獲得には繋がらないことを認識する必要がある。

・解説と解答・

　金融機関から「取引先事業者の海外進出をどのように支援してよいか分からない」等の意見があり、金融庁は、公的機関等の支援制度を活用した優良事例の紹介、さまざまな支援手段の有効活用を目的として、2016年にパンフレット「金融機関による企業の海外進出支援の促進に向けて」を作成している。
1) 適切である。海外市場に関する情報提供、海外現地法人設立支援、海外企業とのビジネスマッチングは、いずれも地域金融機関が行う海外進出支援に該当する。
2) 不適切である。地域金融機関は、コンサルティング機能を発揮する際に、債務者の経営課題を把握・分析したうえで、潜在的なニーズを掘り起こして、提案する必要がある。したがって、海外との取引がまったくない取引先であっても、海外進出や海外取引の潜在的なニーズがある可能性を考慮し、海外関連情報の提供などを行う必要がある。
3) 不適切である。上記1) の解説を参照。海外企業とのビジネスマッチングは、有料か無料かにかかわらず、地域金融機関が行う海外進出支援に該当する。
4) 不適切である。海外進出支援は、取引先に対する金融サービスの一環であり、リスクはあるものの、金融機関が多くの収益機会を得る可能性も期待できる。

正解　1)

174

4-9 ABL

《問》ABL（Asset-Based Lending）に関する次の㋐〜㋒の記述のうち、適切なものはいくつあるか。

㋐ ABLを利用する企業は、資金調達手段が拡充するメリットを受けられるが、金融機関（ABLの貸手）とのリレーションが疎遠になるデメリットに留意する必要がある。

㋑ ABLとは、企業の信用力の補完として、売掛債権、在庫（原材料、商品等）、機械設備等の資産を担保として提供することにより融資を受ける手法である。

㋒ ABLによる融資を実行した金融機関は、その動産譲渡担保について第三者対抗要件を具備することにより、債務者が善意・無過失の第三者に担保の目的物を二重譲渡し、当該第三者が即時取得するリスクを回避することができる。

1) 1つ
2) 2つ
3) 3つ
4) 0（なし）

・解説と解答・

経済産業省が発行するパンフレット「ABLのご案内」には、以下のとおり記載されている。

① （ABLとは）企業の事業価値を構成する在庫（原材料、商品）や機械設備、売掛金等の資産を担保とする融資である。

＊一般的に企業が持っている原材料・仕掛品・商品等の在庫、生産を行うための機械設備等や売掛金等の債権は、企業にとって収益を生み出す大切な資産（事業収益資産）と考えられている。

＊企業の信用力の補完として、これらの資産を担保として提供し、貸し手（金融機関等）がその事業価値を見極めたうえで行う融資のことをABL（エービーエル：Asset-Based Lending の略称）という。

②　ABLは借手（企業）と貸手の間の緊密なコミュニケーションと協力関係に基づいて行われる融資である。

〈ABLの特徴〉

＊不動産資産がない企業でも融資を受けられる可能性が高まる。

＊貸し手の審査や企業側の登記手続きに一定の時間が必要である。

＊経営管理の効率化、在庫管理コストの低下につながる。

＊貸し手に対して担保にした在庫や売掛金等の増減を定期的に報告する義務がある。

＊担保にした資産の状況等を貸し手と共有すること（貸し手への報告業務）で、事業に対する深い理解を得られ、安定的に資金を確保できる。また、業績に合った経営へのアドバイスを受けられる。

③　ABLはリレーションシップを実践する融資である。

㋐　不適切である。上記解説②③を参照。金融機関にとってABLを利用するメリットは、貸倒れのリスクを分散・削減できること、融資を増加できることなどである。一方、企業にとってABLを利用するメリットは、資金調達手段が拡充すること、金融機関との間の継続的な情報共有によりリレーションが強化されること、金融機関から適時性あるアドバイスを期待できることなどである。

㋑　適切である。上記1）の解説①を参照。

㋒　不適切である。動産譲渡担保について第三者対抗要件を具備する方法として、①占有改定による引渡し、または②動産・債権譲渡特例法に基づく登記がある。いずれの方法を取ったとしても、ABLを実施した金融機関（担保権者）は、債務者が善意・無過失の第三者に担保の目的物を二重譲渡し、当該第三者が即時取得するリスクを回避することはできない。

したがって、適切なものは1つ。

正解　1）

4－10　自己査定に関する理解Ⅰ

《問》金融機関が実施する自己査定に関連する用語に関する次の記述のうち、最も適切なものはどれか。ただし、本問における金融機関は、2019年12月18日に廃止された「金融検査マニュアル」に準拠した自己査定を行っているものとする。

1）金融機関の保有する資産を個別に検討して、回収の危険性または価値の毀損の危険性の度合に従って区分することを「資産査定」といい、金融機関自らが行う資産査定を「自己査定」という。
2）「債務者区分」とは、債務者の財務状況、資金繰り、収益力等により、返済能力を判定し、その状況等により債務者を正常先、要注意先、要管理先、破綻懸念先、実質破綻先および破綻先に区分することである。
3）自己査定においてⅠ分類、Ⅱ分類、Ⅲ分類およびⅣ分類とした資産を「分類資産」といい、分類資産以外の資産を「非分類資産」という。
4）自己査定における「債権」とは、貸出金、有価証券および未収利息を指し、仮払金、支払承諾見返、その他の資産は「債権」には含まれない。

・解説と解答・

1）適切である。
2）不適切である。「債務者区分」とは、債務者の財務状況、資金繰り、収益力等により、返済能力を判定し、その状況等により債務者を正常先、要注意先、破綻懸念先、実質破綻先および破綻先に区分することである。要管理先は、金融検査マニュアルに基づく債務者区分には含まれない。
3）不適切である。自己査定において、Ⅱ分類、Ⅲ分類およびⅣ分類とした資産を「分類資産」といい、「分類資産」以外の資産（Ⅰ分類資産）を「非分類資産」という。
4）不適切である。「債権」とは、貸出金、および貸出金に準ずる債権（貸付有価証券、外国為替、未収利息、未収金、貸出金に準ずる仮払金、支払承諾見返）をいう。

正解　1）

4 −11　自己査定に関する理解Ⅱ

《問》金融機関の自己査定における債務者区分、貸出債権の分類、償却・
引当に関する次の記述のうち、最も適切なものはどれか。ただし、
本問における金融機関は、2019年12月18日に廃止された「金融検査
マニュアル」に準拠した自己査定、償却・引当を行っているものと
する。

1) 正常先向けの貸出債権のうち非分類資産とされたものについては、
一般貸倒引当金、個別貸倒引当金をいずれも計上する必要はない。

2) 要注意先向けの貸出債権については、すべてⅡ分類資産としたうえ
で、貸出残高に予想損失率を乗じて算定される一般貸倒引当金を計
上する必要がある。

3) 破綻懸念先向けの貸出債権のうちⅢ分類資産とされたものについて
は、原則として、個別の債務者ごとに合理的に見積もられる今後の
一定期間における予想損失額を個別貸倒引当金に計上する必要があ
る。

4) 実質破綻先向けの貸出債権のうち分類資産とされたものについて
は、その全額を償却するか、またはその全額を個別貸倒引当金に計
上する必要がある。

・解説と解答・

1) 不適切である。正常先向けの貸出債権については、すべて非分類資産（Ⅰ
分類資産）とされるが、貸出債権全体の残高に予想損失率を乗じて算定さ
れる一般貸倒引当金を計上する必要がある。

2) 不適切である。要注意先向けの貸出債権は、非分類資産（Ⅰ分類資産）ま
たはⅡ分類資産とされる。要注意先向けの貸出債権については、予想損失
率に基づく引当金、DCF法による引当金ともに、一般貸倒引当金として
計上される。

3) 適切である。

4) 不適切である。実質破綻先向けの貸出債権のうちⅡ分類資産とされたもの
については、本選択肢の記述に該当しない。Ⅲ分類資産・Ⅳ分類資産とさ
れたものについては、その全額を償却するか、またはその全額を個別貸倒
引当金に計上する必要がある。　　　　　　　　　　　　　<u>正解　3)</u>

（補足解説）

　債務者区分、貸出債権の分類および償却・引当の原則は下表のとおりである。

債務者区分	正常運転資金等	優良担保・保証分	その他の担保・保証分		担保・保証でカバーされない部分	償却・引当の基準
			担保処分・保証による回収可能見込額	担保評価額と処分可能見込額の差額		
正常先	非分類（Ⅰ分類）	非分類（Ⅰ分類）	非分類（Ⅰ分類）	非分類（Ⅰ分類）	非分類（Ⅰ分類）	予想損失率に基づき一般貸倒引当金に計上
要注意先	非分類（Ⅰ分類）	非分類（Ⅰ分類）	Ⅱ分類	Ⅱ分類	Ⅱ分類	予想損失率に基づき一般貸倒引当金に計上＊
破綻懸念先	－	非分類（Ⅰ分類）	Ⅱ分類	Ⅲ分類	Ⅲ分類	Ⅲ分類のうち必要額を個別貸倒引当金に計上
実質破綻先	－	非分類（Ⅰ分類）	Ⅱ分類	Ⅲ分類	Ⅳ分類	Ⅲ・Ⅳ分類の全額を償却または個別貸倒引当金に計上
破綻先	－	非分類（Ⅰ分類）	Ⅱ分類	Ⅲ分類	Ⅳ分類	Ⅲ・Ⅳ分類の全額を償却または個別貸倒引当金に計上

＊…この他にDCF法による一般貸倒引当金がある。

4-12　要注意先に対する経営支援

《問》要注意先に区分された中小企業に対する金融機関の経営改善支援に関する次の記述のうち、最も不適切なものはどれか。ただし、本問における金融機関は、2019年12月18日に廃止された「金融検査マニュアル」に準拠した自己査定、債務者区分の判定等を行っているものとする。

1) 要注意先に区分された中小企業は、企業自身の経営改善努力や金融機関の経営改善支援によって正常先へランクアップする可能性のある債務者と考えられる。

2) 要注意先に区分された中小企業に対する経営改善支援は、当該中小企業向け債権の劣化防止、金融機関の経営健全化に寄与する取組みである。

3) 要注意先に区分された中小企業のうち、人材不足や事業基盤の脆弱性等を要因として自力での経営改善の余力が乏しい中小企業については、金融機関が経営改善支援を行う必要性が低いと考えられる。

4) 金融機関が中小企業向けの経営改善支援を行うにあたり、要注意先に区分された中小企業の経営改善支援により蓄積したノウハウを活用することは有効であると考えられる。

・解説と解答・

1) 適切である。金融機関は、要注意先の中小企業に対し、企業の自助努力による経営改善を促すとともに、必要があれば、金融機関が経営改善支援を行うべきである。なお、要注意先に区分された中小企業の業況悪化は、金融機関側の損失発生、支援コスト（金利減免、債権放棄等）の拡大等につながる可能性があるため、金融機関は、要注意先に対する経営改善支援に早期に着手することが望ましい。

2) 適切である。要注意先に区分された中小企業が、金融機関の経営改善支援、企業自身の経営改善努力等により、正常先へランクアップした場合、金融機関にとっては資産劣化防止、経営健全化（自己資本比率向上）につながる。

3) 不適切である。経営資源の不足、経営基盤の脆弱性等を要因として自力での経営改善の余力が乏しい中小企業については、金融機関の支援により、

経営改善が実現する可能性が高まるため、金融機関が経営改善支援を行う
必要性が高いと考えられる。

4）適切である。金融機関は、要注意先に区分された中小企業の経営改善支援
により蓄積したノウハウを活用し、他の取引先企業向けの経営改善支援に
も取り組むことができる。

正解　3）

4－13　要注意先以外に対する経営支援

《問》要注意先以外に区分された債務者企業に対する金融機関の経営指導、経営改善支援等に関する次の記述のうち、最も不適切なものはどれか。ただし、本問における金融機関は、2019年12月18日に廃止された「金融検査マニュアル」に準拠した自己査定、債務者区分の判定等を行っているものとする。

1）債務者企業については、日常的な債務者管理の一環として、見聞きした情報と提出された資料等とを関連づけて分析を行い、経営の実態把握と業況のモニタリングを行う必要がある。

2）債務超過の状態にあり、破綻懸念先に区分された債務者企業について、スポンサー企業が現れ、実現可能性の高い抜本的な経営改善計画が策定された場合、金融機関として経営改善への協力を検討すべきである。

3）債務超過の状態にあり、破綻懸念先に区分された債務者企業について、金融機関の支援を伴う合理的な経営改善計画が策定され、かつ、その実現可能性が高いと判断される場合は、債務者区分を正常先にランクアップできる。

4）金融機関の支援を伴う経営改善計画に沿って再生中の債務者企業のうち、実績が計画を大幅に下回り、経営破綻に陥ることが確実な企業は、法的・形式的な経営破綻の事実の有無を確認した結果に応じて、実質破綻先または破綻先に区分すべきである。

・解説と解答・

1）適切である。融資先の問題点は、財務面のみならず、企業活動のさまざまな面に現れるものである。金融機関の担当者は、企業の実態把握を行う際、融資先から提出される資料や経営者からの説明をそのまま信用せず、工場見学や従業員へのヒアリングなど融資先の業況のモニタリングを行う必要がある。そのうえで、見聞きした企業活動の実態と財務資料（決算書、試算表、資金繰り表等）とを関連づけて分析すべきである。

2）適切である。債務超過の状態にあり、破綻懸念先に区分された債務者企業が、再生に値する事業部門を有する場合は、直ちに清算手続を開始せず、事業譲渡等の他の方法により、この事業部門を債務者企業から切り離す手

法も検討する必要がある。また、本選択肢のように、スポンサー企業が現れ、実現可能性の高い抜本的な経営改善計画が策定された場合には、金融機関として経営改善に協力することも可能であると考えられる。ただし、金融機関側のメリット、デメリットに関する詳細な検討が必要である。

3）不適切である。「金融検査マニュアル」では、概ね5年以内に正常先となる経営改善計画が策定されていれば破綻懸念先から要注意先以上へのランクアップを認めている。しかし、本選択肢における債務者企業の状況においては、債務者区分を破綻懸念先から要注意先へのランクアップは可能であるものの、正常先に2段階ランクアップすることは適切とはいえない。

4）適切である。本選択肢の債務者企業は、法的・形式的な経営破綻の事実があれば「破綻先」に区分され、法的・形式的な経営破綻の事実がなければ「実質破綻先」に区分されるのが一般的である。

<u>正解　3）</u>

4-14　経営改善策（事業計画と資金計画）

《問》一般に、企業が策定する経営改善計画は、事業計画と資金計画により構成される。金融機関の取引先である中小・零細企業の経営改善計画において、経営改善効果として示される計数に関する次の記述のうち、最も不適切なものはどれか。

1）経営改善計画においては、事業展開に伴う獲得利益、資産処分や経費削減による捻出資金等を財源として外部有利子負債の圧縮が可能であることが、具体的計数により示されていなければならない。

2）経営改善の過程で実施されるリストラの効果は、具体的計数として事業計画と資金計画の双方に反映されていなければならない。

3）事業計画における売上、費用、利益等の計数は債務者企業の責任において決定するべきものであるため、金融機関が、事業計画の試案を策定して取引先企業に提示することは認められない。

4）過剰債務を有する取引先企業の資金計画においては、過剰債務の解消が可能であることが、具体的計数により示されていなければならない。

・解説と解答・

1）適切である。

2）適切である。リストラは、不採算事業・不採算店舗からの撤退・再構築、新規事業の開拓、業種や業態の変更などを行う「事業リストラ」、経費削減、業務プロセスの見直しなどを行う「業務リストラ」、借入金や返済額の削減などを行う「財務リストラ」に大別されるが、いずれも事業計画と資金計画の双方に反映させなければならない。

3）不適切である。事業計画における計数は債務者企業の責任において決定するべきものであるが、債務者企業が経営改善計画を策定していない場合もありえるため、金融機関が経営改善計画（事業計画および資金計画）の試案を策定し、取引先企業に提示することがある。経営改善計画の試案を策定するために金融機関が行った売上、キャッシュフロー等のシミュレーション結果は、債務者企業が経営改善計画の実行を決断する際の判断材料としても有用である。なお、金融機関が経営改善計画の試案を策定した後、債務者企業は自らの責任において経営改善計画を策定（確定）しなけ

184

ればならない。

4) 適切である。過剰債務を有する取引先企業の資金計画においては、過剰債務の解消が可能であること、および金融機関からの資金支援が正常な状態となることが、具体的計数により示されていなければならない。

正解　3)

4−15　経営改善策（策定上の留意点）

《問》取引先の中小・零細企業が経営改善計画を策定していない場合、金
　　融機関が経営改善計画の試案を策定して取引先企業に提示し、経営
　　者と金融機関の双方が納得する経営改善計画を確定させるという手
　　順を踏むことがある。金融機関が経営改善計画の試案を策定するに
　　あたり留意すべき事項に関する次の記述のうち、最も不適切なもの
　　はどれか。ただし、本問における金融機関は、2019年12月18日に廃
　　止された「金融検査マニュアル」に準拠した自己査定を行っている
　　ものとする。
１）経営改善計画の試案を提示する際は、おおむね３年程度以内に取引
　　先企業の財務上および経営上の問題点を解消し、取引先企業が金融
　　機関の自己査定上の「正常先」となることを目標とした案を策定す
　　る必要がある。
２）金融機関は、取引先企業の経営改善計画試案を策定する場合、支援
　　対象企業の財務上の問題点と経営戦略上の問題点を的確に把握する
　　必要がある。
３）金融機関が、取引先企業の経営改善計画の試案を策定する際には、
　　価格競争力、品質競争力、販売力等の観点から取引先企業の事業基
　　盤を評価するとともに、取引先企業が属する業界の特性（競争状
　　態、顧客ニーズ、代替品の有無等）を把握する必要がある。
４）経営改善計画の試案を策定するために金融機関が行った売上、
　　キャッシュフロー等のシミュレーション結果は、取引先企業の経営
　　者に伝えるべきものである。

・解説と解答・

１）不適切である。経営改善計画の試案を提示する際は、原則おおむね５年程
　　度以内に取引先企業の財務上および経営上の問題点を解消し、取引先企業
　　が金融機関の自己査定上の「正常先」となることを目標とした案を策定す
　　る必要がある。
２）適切である。これらの問題点の把握が曖昧な場合は、改善すべきポイント
　　が不明確となり、有効な経営改善計画試案を策定することができない。
３）適切である。中小企業については、マーケットの支配力が弱く、その成長

性や将来性が業界の特性に左右される傾向が強いため、中小企業の経営改善計画の試案を策定する際には、業界特性の見極めが大きな意味を持つこととなる。

4）適切である。経営改善計画の試案を策定するために金融機関が行った売上、キャッシュフロー等のシミュレーション結果は、取引先企業の経営者に対して、金融機関が経営改善の必要性を説明する資料（経営者と金融機関の双方が納得する経営改善計画の策定を目指した協議のための資料）として有用であり、経営者が、経営改善計画の実行を決断する際の判断材料ともなりえる。

<u>正解　1）</u>

4－16　中小企業向け各種貸付・保証制度

《問》中小企業向けの貸付制度または保証制度に関する次の記述のうち、最も不適切なものはどれか。

1 ）日本政策金融公庫（国民生活事業、中小企業事業）および沖縄振興開発公庫が取り扱う「経営環境変化対応資金（セーフティネット貸付）」の対象は、社会的、経済的環境の変化の影響により、一時的に売上減少等業況悪化をきたしているが、中長期的にはその業況が回復すると見込まれる中小企業、個人企業、小規模企業である。

2 ）日本政策金融公庫（国民生活事業、中小企業事業）および沖縄振興開発公庫が取り扱う「企業活力強化資金」の返済期間は、設備資金の場合は20年以内、運転資金の場合は 7 年以内である。

3 ）信用保証協会による「流動資産担保融資保証制度（ABL保証制度）」を利用し、売掛債権を担保として金融機関から融資を受ける際には、売掛債権の譲渡について第三者への対抗要件を具備する必要がある。

4 ）信用保証協会による「流動資産担保融資保証制度（ABL保証制度）」を利用し、棚卸資産を担保として金融機関から融資を受ける際に、棚卸資産の譲渡について第三者への対抗要件を具備しない場合には、不動産担保を提供する必要がある。

・解説と解答・

1 ）適切である。日本政策金融公庫（国民生活事業、中小企業事業）および沖縄振興開発公庫は、「セーフティネット貸付制度」として、「経営環境変化対応資金」「金融環境変化対応資金（日本政策金融公庫は中小企業事業のみでの取扱い）」「取引企業倒産対応資金」を取り扱っている。なお、「金融環境変化対応資金」の対象は、金融機関との取引状況の変化（借入残高の減少要請や追加担保の設定要請等）により、一時的に資金繰りに困難をきたしているものの、中長期的には資金繰りが改善し経営が安定することが見込まれる中小企業等であり、「取引企業倒産対応資金」の対象は、関連企業の倒産により、経営に困難をきたしている事業者である。

2 ）適切である。日本政策金融公庫（国民生活事業、中小企業事業）および沖縄振興開発公庫が取り扱う「企業活力強化資金」は、「取引先に対する支

払条件の改善に取り組むための資金」や「親事業者の生産拠点の閉鎖・縮小または発注内容の見直し、脱炭素化の取組の要請に伴い、自らの取引環境の改善に取り組むための資金」等を必要とする中小企業等を対象としており、その返済期間は、以下のとおりである。

・設備資金：20年以内（うち据置期間2年以内）

・運転資金：7年以内（うち据置期間2年以内）

3）適切である。信用保証協会による「流動資産担保融資保証制度（ABL保証制度）」とは、中小企業者が、売掛債権および棚卸資産を担保として金融機関から融資を受ける際に、信用保証協会が融資の保証を行う制度である。売掛債権を担保とする場合には、売掛債権の譲渡について第三者への対抗要件を具備するため、①債権譲渡登記制度に基づく登記、②売掛先への通知、③売掛先の承諾のいずれかが必要となる。

4）不適切である。棚卸資産を担保とする場合には、棚卸債権の譲渡について第三者への対抗要件を具備するため、動産譲渡登記制度に基づく登記が必要となる。また、「流動資産担保融資保証制度（ABL保証制度）」を利用した融資を受ける際に担保とすることができるのは、売掛債権および棚卸資産のみであり、信用保証協会に対して、第三者保証人および不動産担保の提供を求められることはない。

正解　4）

4 −17　信用保証協会による各種保証制度

《問》信用保証協会による各種保証制度に関する次の記述のうち、最も適
切なものはどれか。
1 ）資本金または常時使用する従業員数に関する所定の要件を満たす中
小企業者は、その業種にかかわらず、信用保証協会による各種保証
制度を利用することができる。
2 ）将来の一時的かつ至急の資金ニーズに備えるために「予約保証制
度」を利用して信用保証協会の債務保証付融資を予約する場合、予
約時点で手数料の支払いは不要であるが、実際に融資を受ける場合
の保証料率は、通常の保証料率より高くなる。
3 ）「特定社債保証制度（私募債保証制度)」に基づいて中小企業が発行
する社債（私募債）は、金融機関と信用保証協会の共同保証により
発行され、金融機関の保証割合は20％、信用保証協会の保証割合は
80％である。
4 ）「流動資産担保融資保証制度（ABL保証制度)」の対象となる融資
の担保は、機械設備、車両運搬具、棚卸資産および売掛債権に限ら
れている。

・解説と解答・

1 ）不適切である。「信用保証制度」とは、中小企業者が金融機関から融資を
受ける際に、信用保証協会が債務保証をする制度である。資本金または常
時使用する従業員数に関する所定の要件を満たす中小企業者であっても、
一部の業種（農業、林業、漁業、金融・保険業等）に該当する場合は、
「信用保証制度」を利用することができない。なお、中小企業者 1 人あた
りの「一般保証」に係る保証限度額（特例措置等に基づく「別枠保証」を
含まない保証限度額）は、中小企業信用保険における普通保険の限度額 2
億円（組合の場合は 4 億円）と無担保保険の限度額8,000万円（組合の場
合も同額）を合わせた 2 億8,000万円（組合の場合は 4 億8,000万円）であ
る。この「一般保証」に係る保証限度額とは別枠で、中小企業信用保険の
特例措置等に基づき各種の政策目的により創設された「別枠保証」に係る
限度額が設けられている。
2 ）適切である。「予約保証制度」とは、将来の一時的かつ至急の資金ニーズ

に備えるために信用保証協会の債務保証付き融資を予約する制度である。「予約保証制度」による予約の有効期間は最長で1年、保証期間は5年以内である。また、「予約保証制度」を利用した場合、予約時点での手数料等は不要であるが、実際に融資を受ける場合には、通常の保証料率に0.15〜0.20％が上乗せされる。

3）不適切である。信用保証協会による「特定社債保証制度（私募債保証制度）」とは、中小企業が社債（私募債）を発行する際に、信用保証協会が社債の保証を行う制度である。この制度に基づいて発行される私募債は、金融機関と信用保証協会の共同保証により発行され、金融機関の保証割合は100％、信用保証協会の保証割合は80％である。ただし、金融機関と信用保証協会が同時に保証履行する場合、銀行は原債務の20％分を保証履行し、信用保証協会は原債務の80％分を保証履行するものとされている。このため、発行体（中小企業）が金融機関に対して負担する保証料は社債総額の20％を基礎として算定され、発行体が信用保証協会に対して負担する保証料は社債総額の80％を基礎として算定される。

4）不適切である。「流動資産担保融資保証制度（ABL保証制度）」の対象となる融資の担保は、棚卸資産および売掛債権に限定されており、機械設備、車両運搬具などの固定資産は対象とならない。

正解　2）

4－18　企業の事業再編・経営改善のための手法Ⅰ

《問》企業が事業再編または経営改善のために活用可能な各種手法に関する次の記述のうち、最も不適切なものはどれか。
1）企業が、事業譲渡の手法により自社の特定の事業を他の企業に譲渡する場合、譲渡対象事業に関連する債権・債務、権利・義務等は、譲渡先企業に包括的に承継される。
2）同一の経営目標を達成するために複数の企業が新設合併の手法により合併する場合、合併当事者企業のすべての資産・負債、権利・義務等は、合併当事者企業が共同で設立した新設会社に包括的に承継される。
3）企業の従業員が、EBO（エンプロイー・バイアウト）により、当該企業の一部の事業を買収した場合、当該企業は、EBOにより得た資金（事業の売却により得た資金）を既存の借入金の返済に充当できる。
4）自社が他社の株主となっており、議決権割合40％を保有している場合、当該他社を議決権割合60％の子会社とするために、株式交付の手法を利用することができる。

・解説と解答・

1）不適切である。「事業譲渡」とは、自社の特定の事業（営業組織、有形無形の資産等）を他の企業に譲渡する会社法上の手続である。事業譲渡の場合、譲渡前の企業の債権・債務、権利・義務、契約、従業員（雇用契約）等は、個別の移転手続（個別の譲渡交渉および譲渡契約）を経て、譲渡先企業に承継される。したがって、譲渡対象事業に関連する債権・債務、権利・義務等のすべてが譲渡先企業に承継されるとは限らず、また、営業上の許認可が当然に譲渡先企業に承継されるとは限らない。
2）適切である。合併には、合併当事者企業の1社が存続会社となり、他の合併当事者企業の資産・負債、権利・義務等を包括的に承継する「吸収合併」と、合併当事者企業が共同で設立した新設会社が、合併当事者企業のすべての資産・負債、権利・義務等を包括的に承継する「新設合併」がある。いずれの場合も、合併当事者企業のすべての資産・負債、権利・義務等は、簿外の資産・負債、偶発債務を含めて、合併後の存続会社または合

併当事者企業が共同で設立した新設会社に包括的に承継される。

3）適切である。EBO（エンプロイー・バイアウト）とは、企業の従業員が、現在の事業の継続を前提として、当該企業や当該企業の事業部門を買収する手法である。当該企業は、EBOにより得た資金（事業の売却により得た資金）により、既存の借入金を返済することができる。

4）適切である。「株式交付」とは、自社の株式を対価として他社の株式を譲り受け（対価の一部として金銭その他の財産が含まれてもよい）、当該他社を自社の子会社とする手法である。「株式交換」は、他社を自社の完全子会社（100％子会社）とするのに対し、「株式交付」は、他社の株式を部分的に取得することにより、議決権割合50％超の子会社とする手法である。

正解　1）

〈参考〉事業再編の手法

手法	概要・特徴等
合併	●「合併」とは、複数の企業が法人格を統合することであり、合併の方法は、「吸収合併」と「新設合併」に分類される。 ●「吸収合併」とは、合併前の当事者企業のうちの１社が法律上の存続会社となり、他の当事者企業（消滅会社）の資産・負債、権利・義務のいっさいを承継する方法である。 ●「新設合併」とは、新設会社が合併前のすべての当事者企業（消滅会社）の資産・負債、権利・義務のいっさいを承継する方法である。 ●吸収合併と新設合併のいずれの場合も、合併後の会社（存続会社または新設会社）は、簿外の資産・債務、偶発債務を含めて、合併当事者企業の資産・負債、権利・義務のいっさいを継承する。
会社分割	●「会社分割」とは、会社の事業の一部または全部を、他の会社に承継させることにより、事業の一部または全部の分離・独立を可能にする制度である。 ●会社分割の方法は、事業の一部または全部を新設会社に承継させる「新設分割」と、事業の一部または全部を既存の別会社に承継させる「吸収分割」に分類される。 ●新設分割、吸収分割のいずれの場合も、分割の対象となる事業に付随する債権・債務、権利・義務は、承継会社に包括的に承継される。

	●新設分割、吸収分割のいずれの場合も、分割の対象となる事業部門の過去の実績である利益剰余金等を承継会社に承継させることができる。
事業譲渡	●「事業譲渡」とは、事業用の組織、有形無形の財産を一括して他社（新設会社または既存会社）へ譲渡する手続である。 ●事業譲渡において、譲渡対象となる事業に付随する債権・債務、権利・義務を譲渡（承継）の対象とするためには、個別の交渉・契約が必要とされる。例えば、従業員の処遇（雇用契約）を引継ぐためには、個別の交渉・契約が必要とされる。 ●簿外の資産・負債、偶発債務等は、個別の合意・契約がない限り、承継されない。
株式交換	●「株式交換」とは、自社の株式または金銭その他の財産を対価として、他社の株式の全部を取得する手法である。 ●株式交換の手法を用いた場合、当該他社は自社の完全子会社（100％子会社）となる。
株式交付	●「株式交付」とは、自社の株式を対価として（対価の一部として金銭その他の財産が含まれてもよい）、他社の株式を譲り受け、当該他社を自社の子会社とする手法である。 ●「株式交換」は、他社を100％子会社とする手法であるが、「株式交付」は部分的な株式取得により、他社を議決権割合50％超の子会社とする手法である。「株式交付」は、既に議決権割合50％超の子会社となっている会社の株式を追加的に取得する手法としては利用できない。
株式移転	●株式移転とは、自社の株式を新設会社に取得させ、当該新設会社を自社の完全親会社とする手法である。この場合、自社（完全子会社となる会社）の株主は、対価として当該新設会社（完全親会社となる会社）の株式を取得する。 ●複数の会社が、株式移転の手法により共通の完全親会社を設立し、共通の完全親会社の傘下の100％子会社（兄弟会社）となることもできる。 ●株式取得の対価として、買収側の会社の株式のほか、金銭その他の財産を交付する取扱（いわゆる「対価の柔軟性」）は、株式移転の場合には認められていない。
株式譲渡	●「株式譲渡」とは、株主が保有する対象会社の株式を、対価と引き換えに他者へ譲渡する手法である。 ●一般に、株式譲渡の手続きは、売り手と買い手の間で株式譲渡契約を締結し、当該契約に従って買い手が譲渡代金を支払うと同時に売り手が株式を交付することにより行われ、これに伴って株主名簿の書換えが行われる。

4−19　企業の事業再編・経営改善のための手法Ⅱ

《問》企業が事業再編または経営改善のために活用可能な各種手法に関する次の記述のうち、最も適切なものはどれか。
1）事業譲渡の対象となる事業部門に所属する従業員の雇用契約（処遇）を譲受側の企業が承継する場合には、各従業員の同意取得を含めて、個別の交渉・契約が必要とされる。
2）企業が他社を完全子会社とする場合、自社の完全親会社を設立する場合のいずれにおいても、「株式交換」の手法を利用する必要がある。
3）複数の企業が合併する手法は、合併前の当事者企業のうちの1社が法律上の存続会社となり、他の当事者企業（消滅会社）の資産・負債、権利・義務のいっさいを承継する方法に限定される。
4）会社分割を活用した事業再生において、経営不振企業の優良事業部門を分離する場合には「新設分割」の手法を採用し、経営不振企業の不採算事業部門を分離する場合には「吸収分割」の手法を採用することとなる。

●解説と解答●

1）適切である。譲渡対象となる事業に付随する債権・債務、権利・義務を譲渡（承継）の対象とするためには、個別の交渉・契約が必要とされる。
2）不適切である。自社の株式または金銭その他の財産を対価として他社の株式の全部を取得し、当該他社を完全子会社とするためには「株式交換」の手法を利用するが、自社の完全親会社を設立するためには、「株式移転」の手法を利用する。
3）不適切である。合併の方法には、記述の「吸収合併」のほか、新設会社がすべての合併当事者企業の資産・負債、権利・義務のいっさいを承継する「新設合併」がある。
4）不適切である。会社分割は、事業の一部または全部を新設会社に承継させる「新設分割」と、事業の一部または全部を既存の別会社に承継させる「吸収分割」に分類される。優良事業部門を分離する場合と、不採算事業部門を分離する場合のいずれにおいても、会社分割の手法を利用可能であり、新設分割と吸収分割のいずれの手法も利用可能である。　　<u>正解　1）</u>

4−20　企業の事業再編・経営改善のための手法Ⅲ

《問》企業が事業再編または経営改善のために活用可能な各種手法に関する次の記述のうち、最も適切なものはどれか。

1）民事再生手続中または会社更生手続中の企業に対して実施される融資（DIPファイナンス）による貸付債権は自動的に共益債権となり、既存の債権（再生債権や更生債権）よりも劣後して弁済される。

2）同一の経営目標を達成するために複数の企業が合併する場合、合併後の会社（存続会社または新設会社）は、簿外債務と偶発債務を除き、合併前の当事者企業の資産・負債、権利・義務を包括的に承継する。

3）会社分割により事業の一部または全部を分離した場合、当該事業に帰属する資産・負債、権利・義務を承継会社に包括的に承継させ、当該事業の過去の実績である利益剰余金を承継会社に承継させることができる。

4）過剰債務を抱える企業が、DES（デット・エクイティ・スワップ）を利用する場合、DESの対象となる債務を、債権放棄される部分（債務免除益として計上する部分）と、資本に転換される部分に分割する取扱いは認められていない。

・解説と解答・

1）不適切である。民事再生手続においてDIPファイナンスによる債権を共益債権とするためには、裁判所の許可または監督委員の承認が必要である。一方、会社更生手続においてDIPファイナンスが行われる場合、更生手続開始決定前に保全管理人が行った借入れは自動的に共益債権となる。更生手続開始決定後は、管財人が裁判所の許可を得て行った借入れは共益債権となり、法的整理申立以前の債権より優先して弁済される。

2）不適切である。合併には、合併当事者企業の1社が存続会社となり、他の合併当事者企業の資産・負債、権利・義務等を包括的に承継する「吸収合併」と、合併当事者企業が共同で設立した新設会社が合併当事者企業のすべての資産・負債、権利・義務等を包括的に承継する「新設合併」がある。合併後の会社（存続会社または新設会社）は、簿外の資産・負債、偶

発債務を含めて、合併当事者企業の資産・負債、権利・義務のいっさいを継承する。

3）適切である。会社分割により事業の一部または全部を分離した場合、当該事業に帰属する資産・負債、権利・義務は承継会社に包括的に承継される。分割の対象となる事業（部門）の過去の実績である利益剰余金等を承継会社に承継させることができる点は、会社分割の特徴（メリット）の1つである。

4）不適切である。DES（デット・エクイティ・スワップ）とは、既存の債務を債務者（企業）の資本に振り替えることをいい、「債務の株式化」とも呼ばれている。債権放棄を伴うDESと、債権放棄を伴わないDESを併用することは認められている。債権放棄を伴うDESを実施した場合、債権放棄の対象となる債務について、債権者（金融機関等）は貸倒損失として処理し、債務者（企業）は債務免除益として処理する。

<u>正解　3）</u>

4-21 企業の事業再編・経営改善のための手法Ⅳ

《問》金融機関が融資先企業との間で実施するDDS（デット・デット・スワップ）に関する次の記述のうち、最も適切なものはどれか。

1) DDSとは、既存の債務の借換えを資金使途として、返済順位の低い債務（劣後ローン）を新たに借り入れることである。

2) 過剰債務を抱える企業がDDSを実施した場合、当該企業のキャッシュフロー計算書における「営業活動によるキャッシュフロー」が改善することが見込まれる。

3) 債務者の評価において、DDS実行後の債務を「資本性借入金」として資本とみなすためには、DDS実行から償還までの期間を5年以内とし、据置期間のない分割償還としなければならない。

4) 金融機関は、DDSを実施した後の融資契約において、債務者の経営状況を監視することを目的とした財務制限条項（コベナンツ）を設定することが可能である。

・解説と解答・

1) 不適切である。DDS（デット・デット・スワップ）とは、既存の債務の契約条件の変更（金利、弁済条件、弁済の優先順位等の変更）を行うことにより、当該債務を返済順位の低い債務（劣後ローン）に転換することである。

2) 不適切である。DDSは、既存の債務の条件変更であるため、債務者のキャッシュフロー計算書における「営業活動によるキャッシュフロー」には影響を及ぼさない。

3) 不適切である。DDS実行後の債務を「資本性借入金」として資本とみなすことができるかどうか判断するためには、償還条件、金利設定、劣後性に関する判断の観点が存在し、一般に、償還条件については契約時における償還期間が5年を超え、期限一括償還または同等に評価できる長期の据置期間が設定されていることが求められる。金融庁「中小・地域金融機関向けの総合的な監督指針」Ⅱ-4-1には、資本性借入金を資本とみなすことについて、以下の通り記載されている。

> 「資本性借入金」とは、貸出条件が資本に準じた十分な資本的性質

が認められる借入金として、債務者の評価において、資本とみなして取り扱うことが可能なものをいう。なお、あくまでも借入金の実態的な性質に着目したものであり、（中略）基本的には、償還条件、金利設定、劣後性といった観点から、資本類似性が判断される。

　一般に、

① 償還条件については、契約時における償還期間が5年を超え、期限一括償還又は同等に評価できる長期の据置期間が設定されていること

② 金利設定については、資本に準じて配当可能利益に応じた金利設定となっていること（業績連動型など、債務者が厳しい状況にある期間は、これに応じて金利負担が抑えられるような仕組みが講じられていること）

③ 劣後性については、法的破綻時の劣後性が確保されていること（又は、少なくとも法的破綻に至るまでの間において、他の債権に先んじて回収されない仕組みが備わっていること）

が求められると考えられる。

4）適切である。DDSを実施した金融機関は、経営改善計画書や融資契約において財務制限条項（コベナンツ）を設定し、債務者の経営状況を監視することが可能である。

正解　4）

4-22　中小企業活性化協議会による再生支援業務

《問》中小企業活性化協議会による再生支援業務に関する次の記述のうち、最も不適切なものはどれか。ただし、本問における「再生計画」は、中小企業活性化協議会による再生支援において策定された再生計画をいうものとする。

1) 中小企業活性化協議会による支援業務は、企業経営者との面談・相談を行う窓口相談（第一次対応）と、窓口相談において把握した相談企業の状況に基づき、所定の手続を経て実施する再生支援（第二次対応）の2段階に分けられる。

2) 中小企業活性化協議会が実施する再生支援において組成された個別支援チームは、相談企業の財務および事業の状況を把握したうえで、相談企業の再生計画案の作成を支援することとなる。

3) 中小企業活性化協議会は、再生計画が成立し再生支援が完了した後も、必要に応じて、相談企業の計画達成状況等についてモニタリングを行うことがある。

4) 実質的に債務超過である中小企業が中小企業活性化協議会の支援を受けて策定する再生計画案は、原則として、再生計画成立後最初に到来する事業年度開始の日から7年以内をめどに実質的な債務超過を解消することを目指す内容でなければならない。

・解説と解答・

1) 適切である。中小企業活性化協議会は、窓口相談（第一次対応）で把握した相談企業の状況に基づき、再生支援を行うことが適当であると判断した場合には、所定の手続きにより、再生支援（第二次対応）を開始することとなる。

2) 適切である。再生支援（第二次対応）においては、原則として、公認会計士または税理士による財務面（資産負債および損益の状況）の調査分析および中小企業診断士等による事業面の調査分析に基づき、相談企業の再生計画案の作成の支援が行われる。なお、相談企業自身が実施した調査分析を、個別支援チームが検証することにより、相談企業の財務および事業の状況を把握する方式（検証型）も存在する。

3) 適切である。なお、モニタリングの期間は、企業の状況や再生計画の内容

　　等を勘案した上で、再生計画が成立してからおおむね3事業年度（再生計
　　画成立年度を含む）をめどとして、決算期を考慮しつつ、必要な期間が定
　　められることとなる。

4）不適切である。相談企業が実質的に債務超過である場合に策定される再生
　　計画案は、原則として、再生計画成立後最初に到来する事業年度開始の日
　　から5年以内をめどに実質的な債務超過を解消する内容でなければならな
　　い。なお、相談企業の経常利益が赤字である場合に策定される再生計画案
　　は、原則として、再生計画成立後最初に到来する事業年度開始の日から概
　　ね3年以内をめどに黒字に転換する内容でなければならない。

正解　4）

4－23　地域経済活性化支援機構（REVIC）

《問》地域経済活性化支援機構（REVIC）に関する次の記述のうち、最も不適切なものはどれか。

1）REVICの業務には、債務者企業の事業再生支援のほか、金融機関の事業再生子会社に対する出資や資金の貸付け、事業再生ファンドに対する専門家の派遣、事業再生ファンドの運営会社の設立およびその経営管理等が含まれる。

2）REVICへの支援申込みは債務者企業が単独で行うことが可能であるため、主要債権者の協力を得られない債務者であってもREVICによる事業再生支援を受けることができる。

3）REVICが債務者企業に対する債権の買取りや債務者企業に対する出資を行う場合には、「支援決定から5年以内に当該債権又は株式の処分が可能となる蓋然性が高いと見込まれること」が支援決定の基準となっている。

4）REVICによる事業再生支援が決定した場合、非メインの金融機関は、REVICに対して債権売却するか、事業再生計画に同意して債権放棄等の金融支援を行うかを選択することとなる。

・解説と解答・

1）適切である。なお、地域経済活性化支援機構（REVIC）は、株式会社であり、企業再生支援機構（ETIC）が改組、機能拡充して発足したものである。

2）不適切である。REVICの支援決定の基準の1つとして、「債務者企業と主要債権者との連名による支援の申込みがなされること（そうでない場合は、事業再生に必要な投融資を受けられる見込みがある、あるいは、主要債権者から事業再生計画への同意を得られる見込みがあること）」が含まれている。このため、主要債権者（金融機関等）の協力が得られない場合にはREVICによる事業再生支援は利用できない。

3）適切である。

4）適切である。

正解　2）

4 −24　認定経営革新等支援機関

《問》認定経営革新等支援機関に関する次の記述のうち、最も不適切なものはどれか。

1）認定経営革新等支援機関とは、税務、金融および企業財務に関する専門的知識や中小企業支援に関する実務経験が一定以上にあるとして国が認定した税理士・税理士法人、公認会計士、中小企業診断士、弁護士、金融機関等である。

2）中小企業・小規模事業者が認定経営革新等支援機関の支援を受けて経営改善に取り組む場合は、事業計画の策定および実行・進捗の報告を行うことを前提に、「経営力強化保証制度」に基づき信用保証協会の保証料の引下げを受けることができる。

3）中小企業・小規模事業者が支援を依頼する認定経営革新等支援機関を選定する場合、取引金融機関や顧問税理士等のなかから自ら選定できるほか、各都道府県に設置された「よろず支援拠点」から認定経営革新等支援機関の紹介を受けることも可能である。

4）金融支援（条件変更、新規融資等）を伴う「経営改善計画策定支援」を認定経営革新等支援機関に依頼する場合、一定の要件を充足すれば、認定経営革新等支援機関に支払う費用の総額の5割を中小企業活性化協議会が負担する。

・解説と解答・

1）適切である。認定経営革新等支援機関とは、中小企業支援に関する専門的知識や実務経験が一定レベル以上にある者として、国の認定を受けた個人、法人、中小企業支援機関等（税理士・税理士法人、公認会計士、弁護士、中小企業診断士、商工会・商工会議所、金融機関等）である。令和5年12月22日現在、認定経営革新等支援機関の数は40,614機関となっている。

2）適切である。

3）適切である。

4）不適切である。認定経営革新等支援機関による支援は有料の場合がある。金融支援（条件変更、新規融資等）を伴う本格的な「経営改善計画策定支援」を認定経営革新等支援機関に依頼する場合、認定経営革新等支援機関に対する支払費用（フォローアップ費用を含む）の3分の2（補助対象経

費に応じた上限額あり）を中小企業活性化協議会が負担する事業が実施されている。

<u>**正解　4）**</u>

4-25　中小企業の事業再生等に関するガイドライン

《問》「中小企業の事業再生等に関するガイドライン」（以下、「事業再生
　　ガイドライン」という）に関する次の記述のうち、最も適切なもの
　　はどれか。
1）事業再生ガイドラインにおいては、中小企業者の経営に支障が生じ
　　た時点以降の中小企業者と金融機関の果たすべき役割が明確化さ
　　れ、中小企業者の事業再生・事業廃業に関する基本的な考え方が示
　　されている。
2）事業再生ガイドラインにおいては、中小企業者がより迅速かつ柔軟
　　に事業再生・事業廃業に取り組めるよう、新たな準則型私的整理手
　　続が定められている。
3）事業再生ガイドラインに基づく再生型私的整理手続において、一部
　　の対象債権者が事業再生計画案に反対した場合は、事業再生計画案
　　に賛成する対象債権者のみにて、事業再生計画案を実行することが
　　できる。
4）事業再生ガイドラインによれば、中小企業者の経営に支障が生じた
　　場合には、平時において中小企業者と金融機関との間で築かれた信
　　頼関係が事業再生に寄与することはない。

・解説と解答・

1）不適切である。「中小企業の事業再生等に関するガイドライン」（以下、
「事業再生ガイドライン」という）においては、中小企業者の経営に支障
が生じた時点以降のみならず、「平時」も含めて、「有事（注）」「事業再生
計画成立後のフォローアップ」それぞれの段階において、中小企業者、金
融機関それぞれが果たすべき役割が示されている。事業再生ガイドライン
は、中小企業者の事業再生・事業廃業（以下、「事業再生等」という）に
関し、関係者間の共通認識を醸成し、事業再生等に係る総合的な考え方や
具体的な手続等を取りまとめたものである。事業再生ガイドラインの目的
は2点あり、1点目は、中小企業者の「平時」「有事」「事業再生計画成立
後のフォローアップ」それぞれの段階において、中小企業者、金融機関そ
れぞれが果たすべき役割を明確化し、中小企業者の事業再生等に関する基
本的な考え方を示すことである。2点目は、新型コロナウイルス感染症に

よる影響からの脱却も念頭に置きつつ、より迅速かつ柔軟に中小企業者が事業再生等に取り組めるよう、新たな準則型私的整理手続、すなわち「中小企業の事業再生等のための私的整理手続」を定めることである（「中小企業の事業再生等に関するガイドライン」〈第一部〉2）。

（注）事業再生ガイドラインにおける「有事」とは、「収益力の低下、過剰債務等による財務内容の悪化、資金繰りの悪化等が生じたため、経営に支障が生じ、または生じるおそれがある場合」を指す（「中小企業の事業再生等に関するガイドライン」〈第二部〉2）。

2）適切である。上記1）の解説を参照。なお、「準則型私的整理手続」とは、私的整理手続のうち、根拠法令に基づき制度化され、公正中立な第三者が関与して行われる手続を指す。

3）不適切である。私的整理手続において再生計画を実施するためには、対象となる債権者全員との合意が必要とされ、準則型私的整理手続においても同様である。したがって、事業再生ガイドラインに基づく中小企業版私的整理手続（再生型私的整理手続、廃業型私的整理手続）においては、事業再生計画案についてすべての対象債権者から同意を得ることができないことが明確となった場合は、第三者支援専門家は本手続を終了させるものとするとされている（「中小企業の事業再生等に関するガイドライン」〈第三部〉5 −(6)−④）。

4）不適切である。事業再生ガイドラインにおいては、中小企業者と金融機関との取引において、平時から、両者が適時適切な対応を取り、信頼関係を構築しておくことは、中小企業者が有事に陥ることを防止するという予防的効果があるのみならず、中小企業者が仮に有事に陥った場合でも、中小企業者の早期の事業再生等に資することになると指摘されている（「中小企業の事業再生等に関するガイドライン」〈第二部〉1 −(1)）。

正解　2）

4－26　事業再生ADR制度

> 《問》事業再生ADR制度とは、事業再生に係る紛争を解決することを目的とした「裁判外紛争解決手続」である。事業再生ADR制度を利用するにあたって債務者が充足すべき要件として、次のうち最も適切なものはどれか。ただし、本問において「特定認証紛争解決事業者」とは、法務省から認証を受けた認証紛争解決事業者のうち、産業競争力強化法に基づき経済産業省から認証を受けた事業者をいうものとする。
>
> 1）事業再生ADR制度における一時停止の通知を債務者のメインバンクが発することについて、特定認証紛争解決事業者が同意していること。
> 2）重要な事業部門が営業赤字を計上していることを主たる要因として経営困難な状況に陥っており、自力による再生が困難であること。
> 3）重要な事業の将来の収益性が見込めず、かつ、債権者からの支援による事業再生の可能性が見込めないこと。
> 4）民事再生手続開始または会社更生手続開始の申立てをした場合には、信用力が低下し、事業価値が著しく毀損されるなど、事業再生に支障が生じるおそれがあること。

・解説と解答・

「経済産業省関係産業競争力強化法施行規則第二十九条第二項の規定に基づき認証紛争解決事業者が手続実施者に確認を求める事項（平成26年1月経済産業省告示第8号）」2条2項1号には、事業再生ADR制度を利用する債務者が満たすべき要件として、以下の項目が掲げられている。

① 過剰債務を主因として経営困難な状況に陥っており、自力による再生が困難であること。
② 技術、ブランド、商圏、人材等の事業基盤があり、その事業に収益性や将来性がある等事業価値があり、重要な事業部門で営業利益を計上している等債権者の支援により再生の可能性があること。
③ 再生手続開始又は（中略）更生手続開始の申立てにより信用力が低下し、事業価値が著しく毀損される等、事業再生に支障が生じるおそれがあること。

　なお、2024年1月現在、特定認証紛争解決事業者（事業再生ADR事業者）として、法務省および経済産業省から認定を受けた事業者は、事業再生実務家協会のみである。

1）不適切である。事業再生ADR制度における一時停止通知は、産業競争力強化法に基づき認証を受けた特定認証紛争解決事業者と債務者の連名でメインバンクなどの対象債権者へ発送するものであり、メインバンクは一時停止通知の発送者とはならない。また、主要債権者としてのメインバンクが存在しない企業であっても、事業再生ADR制度を利用することができる。

2）不適切である。本選択肢の要件に該当する企業は、上記解説①の要件を充足していない。また、重要な事業部門が営業赤字を計上している場合、債権者からの支援により再生の可能性があるとはいえない（上記解説②を参照）。

3）不適切である。本選択肢の場合、上記解説②の要件を充足していない。

4）適切である。上記解説③を参照。

正解　4）

4 −27　民事再生手続と会社更生手続

《問》民事再生手続および会社更生手続に関する次の記述のうち、最も適
切なものはどれか。
1）民事再生手続、会社更生手続のいずれにおいても、無担保一般債権
は権利変更（債権カット）の対象とされる。
2）民事再生手続における再生計画案、会社更生手続における更生計画
案は、いずれも議決権総額の２分の１以上の賛成により可決され
る。
3）民事再生手続は管理型の再建手続であるのに対し、会社更生手続は
裁判所が選任した管財人に経営権が委ねられるDIP型の再建手続で
ある。
4）担保権者は、民事再生手続においては再生手続外で担保権を行使す
ることが禁じられているが、会社更生手続においては更生手続外で
の担保権行使が認められている。

●解説と解答●

1）適切である。
2）不適切である。民事再生手続と会社更生手続の場合では、「多数決」の要
件が異なっている。民事再生手続において再生計画案を可決するために
は、議決権を行使した債権者の頭数の過半数かつ議決権総額の２分の１以
上の賛成が必要である（民事再生法172条の３第１項）。一方、会社更生手
続における更生計画案の議決は、更生担保権者の組、優先権のある更生債
権者の組、普通の更生債権者の組、劣後的債権者の組、株主の組等に分か
れて実施され、各組ごとに議決の要件が異なる（会社更生法196条５項、
168条１項）。例えば、更生担保権者の組では、更生計画案の内容に応じ
て、①更生担保権の期限猶予を定める計画については議決権総額の３分の
２以上の同意、②更生担保権の減免等の権利変更を定める計画については
議決権総額の４分の３以上の同意、③更生会社の事業全部の廃止を定める
計画については議決権総額の10分の９以上の同意が必要である（同法196
条５項２号イ〜ハ）。
3）不適切である。民事再生手続は従来の経営陣のもとで経営を継続するDIP
型の再建手続であるのに対し、会社更生手続は手続開始時に必ず裁判所が

管財人を選任し、管財人に経営権が委ねられる管理型の再建手続である。ただし、東京地方裁判所においては、2009年1月から経営責任のない取締役等を管財人に選任するDIP型の更生手続の運用が開始されている。

4）不適切である。担保権は、民事再生手続においては別除権として扱われ、担保権者は原則として再生手続の外で担保権を行使することができる（民事再生法53条1項・2項）。一方、会社更生手続においては、担保権は更生担保権として扱われ、更生手続外での個別の権利行使は禁じられている（会社更生法2条10項、50条1項）。

<u>正解　1）</u>

4−28　事業承継

> 《問》中小企業の事業承継に関する次の記述のうち、最も不適切なものは
> どれか。
>   1）事業承継においては、後継者教育や経営理念の承継に取り組むとと
>   もに、後継者の経営権確保を目的として、自社株などの資産の移転
>   と、移転に必要な資金の調達に取り組む必要がある。
>   2）後継者を社外から招聘した場合、当該後継者が株主となることは認
>   められないため、経営責任が曖昧になるおそれがある。
>   3）M&Aを実現させるためには、交渉の相手方（株式譲渡先、事業譲
>   渡先、合併相手企業など）との合意が必要とされるため、M&Aの
>   手法を用いた事業承継が必ず実現するとは限らない。
>   4）中小企業は、事業承継計画を立案する前に自社の現状把握を行う必
>   要があり、現状把握において着目すべき主なポイントは、①会社の
>   経営資源の状況、②会社の経営リスクの状況、③経営者個人の状
>   況、④後継者候補の状況、⑤経営者の相続発生時に予想される問題
>   点である。

・解説と解答・

1）適切である。事業承継には、「経営の承継」と「資産の承継」という2つ
  の側面がある。前者においては、後継者教育や経営理念の承継などに取り
  組む必要があり、後者においては、後継者の経営権確保を目的として、自
  社株式などの資産の移転と、移転に必要な資金の調達に取り組む必要があ
  る。「資産の承継」の過程において発生する資金需要への対応は、金融機
  関に求められる役割の1つである。

2）不適切である。後継者を社外から招聘した場合に、当該後継者が株主とな
  ることは認められていることであり、一般に行われている。ただし、当該
  後継者が株主となることは必須ではない。中小企業の事業承継において、
  後継者を社外から招聘する場合、経営責任が不明確になるおそれがある
  が、当該後継者が株主とならない場合は、そのおそれが更に大きくなるこ
  とがデメリット（懸念事項）として挙げられる。

3）適切である。

4）適切である。中小企業は、本選択肢に記載されたポイントに着目して自社

の現状把握を行ったうえで、事業承継にあたっての課題を抽出する必要が
ある。

<u>正解　2）</u>

4－29　法人版事業承継税制

《問》「非上場株式等についての贈与税・相続税の納税猶予及び免除」（以下、「法人版事業承継税制」という）に関する次の㋐～㋒の記述のうち、適切なものはいくつあるか。ただし、本問において「円滑化法」とは、「中小企業における経営の承継の円滑化に関する法律」を指すものとする。

㋐　事業承継において、後継者が非上場会社の株式等を贈与により取得し、法人版事業承継税制の一般措置の適用を受けるためには、贈与税の申告期限までに都道府県知事より円滑化法の認定を受けたうえで一定の書類を税務署へ提出する必要がある。

㋑　円滑化法の認定を受けている非上場会社の株式等を相続により取得し、法人版事業承継税制の一般措置の適用を受けた場合、後継者（相続人）が納付すべき相続税のうち、当該株式等に係る課税価格に対応する相続税額80％の納税が猶予される。

㋒　円滑化法の認定を受けている非上場会社の株式等を、3名の後継者が贈与または相続により取得した場合、すべての後継者が法人版事業承継税制の一般措置の適用を受けることができる。

1）1つ
2）2つ
3）3つ
4）なし（0）

・解説と解答・

「非上場株式等についての贈与税・相続税の納税猶予及び免除」（法人版事業承継税制）には、従前からの「一般措置」と、2018年度税制改正において創設された「特例措置」がある。特例措置は、2024年3月31日（注）までの間に都道府県知事に「特例承継計画」を提出し、確認を受けた場合に限り適用される。

（注）ただし、2024年度税制改正において、特例承継計画の提出期限は2026年3月31日まで延長される見通しである。

特例措置とは、後継者である受贈者・相続人等が「中小企業における経営の承継の円滑化に関する法律」（円滑化法）の認定を受けている非上場会社の株式等を贈与または相続により取得した場合において、その非上場株式等に係る贈与税・相続税について、一定の要件のもと、その納税を猶予し、後継者の死亡等の場合には納税が猶予されている贈与税・相続税の納付が免除される制度である。

法人版事業承継税制における「一般措置」と「特例措置」の主な違いは下表のとおりである。

	一般措置	〈参考〉特例措置
事前の計画策定等	不要	2018年4月1日から2024年3月31日※1までの間に「特例承継計画」を提出（認定経営革新等支援機関の所見を記載のうえ提出）
適用期限	なし	2018年1月1日から2027年12月31日までの期間の贈与・相続
対象株数※2	総株式数の最大3分の2まで	全株式
納税猶予割合	贈与：100% 相続：80%	100%
承継パターン	複数の株主から1人の後継者	複数の株主から最大3人の後継者
雇用確保要件	承継後5年間 平均8割の雇用維持が必要	弾力化※3
事業の継続が困難な事由が生じた場合の免除	なし （猶予税額を納付）	譲渡対価の額等に基づき再計算した猶予税額を納付し、再計算結果が従前の猶予税額を下回る場合はその差額を免除
相続時精算課税の適用	60歳以上の者から18歳※4以上の推定相続人・孫への贈与	60歳以上の者から18歳※4以上の者への贈与

※1：2024年度税制改正において、特例承継計画の提出期限は2026年3月31日まで延長される見通しである。

※2：議決権に制限のない株式等に限る。

※3：雇用確保要件を満たさなかった場合には、中小企業における経営の承継の円滑化に関する法律施行規則第20条3項に基づき、要件を満たさなかった理由等を記載した報告書を都道府県知事に提出し、その確認を受ける必要がある。

※4：2022年3月31日以前の贈与については20歳。

㋐　適切である。

㋑　適切である。法人版事業承継税制の一般措置の適用を受けた場合、後継者（相続人）が納付すべき相続税のうち、対象となる非上場株式等に対応する相続税の80％の納税が猶予される。

㋒　不適切である。法人版事業承継税制の一般措置の適用を受けることができるのは、贈与税と相続税いずれの場合も、後継者と特別の関係がある者のなかで最も多くの議決権数を保有する者に限られている。

　したがって、適切なものは2つ。

正解　2）

> **コラム**
>
> ## 個人版事業承継税制

　個人版事業承継税制（個人の事業用資産についての贈与税・相続税の納税猶予及び免除）とは、2019年度税制改正により創設された「個人事業者の事業承継税制」を指し、青色申告に係る事業（不動産貸付業等を除く）を行っていた事業者の後継者として「中小企業における経営の承継の円滑化に関する法律」（円滑化法）の認定を受けた者が、贈与または相続により特定事業用資産（個人版事業承継税制の対象となる資産）を取得した場合に、当該事業の継続等の一定の要件のもと、当該特定事業用資産に係る贈与税・相続税の全額（100%）の納税の猶予を受けることができ、かつ、後継者の死亡等の一定の事由が生じた場合は、納税が猶予されている贈与税・相続税の納税が免除される制度である。

　個人版事業承継税制は、2019年1月1日から2028年12月31日までに発生する贈与または相続等に対して適用される。また、後継者が個人版事業承継税制の適用を受けるためには、2019年4月1日から2024年3月31日（注）までの間に、先代事業者の事業を確実に承継するための具体策が記載された「個人事業承継計画」を都道府県知事に提出し、円滑化法に基づく認定を受ける必要がある。

（注）ただし、2024年度税制改正において、個人事業承継計画の提出期限は2026年3月31日まで延長される見通しである。

	個人版事業承継税制
事前の計画策定等	2019年4月1日から2024年3月31日※までの間に「個人事業承継計画」を提出（認定経営革新等支援機関の所見を記載のうえ提出）
適用期限	2019年1月1日から2028年12月31日までの期間の特定事業用資産の贈与・相続
適用対象となる「特定事業用資産」	①宅地等（400㎡まで） ②建物（床面積800㎡まで） ③一定の減価償却資産
納税猶予割合	100%
事業の継続が困難な事由が生じた場合の免除	特例事業用資産等の全部の譲渡等または事業廃止をしたときには、所定の方法により贈与

| | （相続）税額を再計算し、再計算した税額と過去 5 年間の必要経費不算入対価等の合計額が当初の納税猶予額を下回る場合、その差額は免除（再計算した税額は納付） |

※：2024年度税制改正において、個人事業承継計画の提出期限は2026年 3 月31日まで延長される見通しである。

4−30　融資実行後における金融機関の事後管理

《問》融資実行後における金融機関の事後管理に関する次の記述のうち、最も不適切なものはどれか。

1）建物完成後に当該建物を担保取得する場合など、融資案件の承認の際に付された融資実行後の条件については、その履行期限を定めることなく、融資完済まで継続的に履行状況を管理する必要がある。

2）融資先について会社合併や会社分割等の変動があった場合には、変更届の提出等の所定の手続を要請するとともに、融資取引の継続の可否についても検討し、必要な対応策を講じる。

3）融資実行による金融機関側の取引メリットや採算性改善等については、融資案件の採択検討の段階で検討すべき事項であり、かつ融資実行後に管理すべき事項でもある。

4）融資実行後の融資先の業況については、融資先から提出される財務資料（決算書、試算表、資金繰り表等）のみに基づくのではなく、定性要因分析や訪問による確認等も併せて、その実態の把握に努める必要がある。

・解説と解答・

1）不適切である。融資案件の承認の際に付された融資実行後の条件については、その履行期限を明確にして、履行状況を管理する必要がある。

2）適切である。融資先に変動があった場合には、所定の手続をとるほか、融資取引の継続の可否についても十分に検討し、必要な対応策を講じて融資の安全性を確保する必要がある。

3）適切である。融資案件の承認検討の段階で見込んだ取引メリット等も融資条件の1つであると認識し、融資実行後も取引メリットが見込みどおり得られているか、採算性は改善されているか等について確認・管理する必要がある。

4）適切である。

正解　1）

4－31　地域経済活性化に向けた働きかけとしての人材マッチング

> 《問》地域金融機関や公的機関による「人材マッチング」への取組みに関する次の記述のうち、金融庁「金融仲介機能の発揮に向けたプログレスレポート（令和5年6月）」、金融庁「2023事務年度 金融行政方針」などに照らし、最も不適切なものはどれか。
>
> 1）金融庁が実施した地域銀行へのアンケート調査によると、地域銀行による取引先企業への人材マッチングにおけるターゲット人材として、「社長・役員相当」「部長・課長・係長相当」等の経営人材よりも、「労働人材」に焦点が当てられている。
>
> 2）金融庁・財務局は、地域金融機関による支援を後押しする事業の一環として、地域企業の経営人材ニーズに応える地域金融機関の人材紹介の取組みに関して、「REVICareer（レビキャリ）」の活用促進に取り組むとしている。
>
> 3）内閣官房デジタル田園都市国家構想実現会議事務局（内閣府地方創生推進室）が実施する「先導的人材マッチング事業」は、経営幹部やデジタル人材等のハイレベル人材を地域へ還流するとともに、地域での人材マッチング市場の創出を図ることで、地域企業の成長・生産性向上、地域経済の活性化を実現することを目的としている。
>
> 4）金融庁が実施した企業アンケート調査において、「経営人材の紹介」は、企業が金融機関からサービスを受けるにあたり「手数料を支払ってもよい」と回答した割合が最も高い一方、金融機関から実際に受けたサービスとして回答した割合は低位となっている。

・解説と解答・

1）不適切である。金融庁が2022年9月に地域銀行100行に対して実施したアンケート調査によると、有料職業紹介事業におけるターゲット人材は、「労働人材」の割合よりも「社長・役員相当」「部長・課長・係長相当」「専門職・エキスパート」の割合が高く、事業性評価を通じた経営人材の仲介を展開する地域銀行の特徴が見て取れたとされている（金融庁「金融仲介機能の発揮に向けたプログレスレポート（令和5年6月）」Ⅳ－2－(1)－(ⅰ)）。

2）適切である（金融庁「2023事務年度 金融行政方針」Ⅰ－1－(2)）。なお、

REVICareer（レビキャリ）の整備は地域経済活性化支援機構（REVIC）が行っている。

3）適切である（金融庁「金融仲介機能の発揮に向けたプログレスレポート（令和5年6月）」Ⅳ－2－(2)－(i)）。

4）適切である。金融庁が実施した企業アンケート調査において、企業が金融機関から受けたいサービスのうち、「手数料を支払ってもよい」と回答した割合が最も高いサービスは「経営人材の紹介（47.0％）」、次いで「業務効率化（IT化・デジタル化）に関する支援（42.7％）」であり、人手不足を端緒とした課題の支援ニーズが高いことがうかがわれたとされている。しかし、金融機関から実際に受けたサービスは、「各種支援制度の紹介や申請の支援（35.4％）」や「取引先・販売先の紹介（29.6％）」といった売上や利益改善に直結するサービスが高い割合を占める一方で、受けたいサービスとして上位にあった「経営人材の紹介（5.7％）」や「業務効率化（IT化・デジタル化）に関する支援（10.6％）」の割合は相対的に低かったことが指摘されている（金融庁「金融仲介機能の発揮に向けたプログレスレポート（令和5年6月）」Ⅳ－1－(ii)）。

<u>正解　1）</u>

4 −32　人材紹介業務

《問》金融機関が行う「人材紹介業務」に関する次の記述のうち、金融庁「中小・地域金融機関向けの総合的な監督指針」等に照らし、最も不適切なものはどれか。
　1）金融機関が取引先企業に対して行う人材紹介業務は、当該取引先企業向けの預貸金取引や為替取引と切り離して行われる場合であっても、銀行法上の「その他の付随業務」に該当する。
　2）金融機関が人材紹介業務を行う場合は、有料で行うか無料で行うかに関わらず、職業安定法に基づく厚生労働大臣の許可が必要である。
　3）金融機関が人材紹介業務を行う場合は、顧客保護や法令遵守の観点から、優越的地位の濫用防止等の態勢を整備しなければならない。
　4）金融機関が行う人材紹介業務の対価としての手数料は、職業安定法に基づき収受するものではなく、銀行法に基づき収受するものである。

・解説と解答・

1）適切である。銀行が、取引先企業に対して行う人材紹介業務、オペレーティングリース（不動産を対象とするものを除く）、M&Aに関する業務、事務受託業務については、取引先企業に対する経営相談・支援機能の強化の観点から、固有業務と切り離してこれらの業務を行う場合も「その他の付随業務」に該当する（金融庁「中小・地域金融機関向けの総合的な監督指針」Ⅲ−4−2−2(1)）。

2）適切である。人材紹介業務については、職業安定法に基づく許可が必要であることに留意すること、また、その実施に当たっては、取引上の優越的地位を不当に利用することがないよう留意することとされている（金融庁「中小・地域金融機関向けの総合的な監督指針」Ⅲ−4−2−2(1)（注））。
　また、金融庁「「主要行等向けの総合的な監督指針」及び「中小・地域金融機関向けの総合的な監督指針」の一部改正（案）に対するパブリックコメントの結果等について（2018年3月30日）」に掲示された別紙1「コメントの概要及びコメントに対する金融庁の考え方」には、以下のとおり記載されている。

No.	コメントの概要	金融庁の考え方
14	「人材紹介業務」とは、職業安定法第4条第1項の「職業紹介」と同義か。労働者派遣事業は含まないと理解してよいか。	貴見のとおりです。
15	人材紹介業務による手数料は、職業安定法第32条の3第1項、第2項に基づき収受することになるとの理解でよいか。	貴見のとおりです。
16	「職業安定法に基づく許可」とは、人材紹介業務を有料で行う場合には、職業安定法第30条の「有料の職業紹介事業」を行う場合の厚生労働大臣の許可、無料で行う場合には、同法第33条の「無料の職業紹介事業」を行う場合の厚生労働大臣の許可が必要となるという理解でよいか。	貴見のとおりです。

3）適切である。上記2）の解説を参照。

4）不適切である。上記2）の解説を参照。金融機関が行う人材紹介業務の対価としての手数料は、職業安定法32条の3第1項、第2項に基づき収受することになる。

正解　4）

4-33　人材マッチング業務の形態

《問》一般に、金融機関が行う人材マッチング業務の実施形態は、「両手型」「片手型」「有料ビジネスマッチング」の3類型に分類される。人材マッチング業務の実施形態に関する次の⑦〜⑰の記述のうち、適切なものはいくつあるか。

⑦　「両手型」の人材マッチング業務とは、有料職業紹介業の許可を有して行う人材マッチングのうち、人材要件定義に加えて、人材サーチおよびマッチング等の求職者対応についても金融機関自らで行う形態を指す。

⑦　「片手型」の人材マッチング業務とは、無料で行う人材マッチングであり、企業の求人ニーズを把握した後、人材紹介会社への取次シートの作成を行うことのみを行う形態を指す。

⑰　「有料ビジネスマッチング」とは、有料職業紹介業の許可が不要な人材マッチングであり、職業安定法に基づく手数料を対価として収受する形態を指す。

1）1つ
2）2つ
3）3つ
4）0（なし）

・解説と解答・

⑦　適切である。人材マッチング業務の実施形態には、「両手型」「片手型」「有料ビジネスマッチング」の3類型があり、金融庁「地域金融機関による人材仲介特設サイト（人財コンシェルジュ）」には、下表の通り記載されている。

両手型	有料職業紹介業の許可を有して行う人材マッチングのうち、①人材要件定義（企業の求人ニーズを把握した後、採用すべき人材を明確化したうえで、求人票もしくはそれに準ずる人材紹介会社への取次シートの作成を行うことをいう。）のみならず、②人材サーチ及び③マッチング等の求職者対応についても自らで行うもの。
片手型	有料職業紹介業の許可を有して行う人材マッチングのうち、両手型以外の形態での人材マッチングを行うもの。
有料ビジネスマッチング	有料職業紹介業の許可が不要な従来型の人材マッチング。

㋑　不適切である。上記1）の解説を参照。

㋺　不適切である。「有料ビジネスマッチング」とは、有料職業紹介業の許可が不要な従来型の人材マッチングである。「有料ビジネスマッチング」は、銀行法上の「その他の付随業務」として実施するものであり、対価としての手数料は銀行法に基づき収受することとなる。

　したがって、適切なものは1つ。

正解　1）

4 −34　気候変動への対応

《問》金融機関自身における気候変動への対応、または顧客企業における
　　気候変動への対応のために金融機関が顧客企業に対して実施する支
　　援に関する次の記述のうち、金融庁「金融機関における気候変動へ
　　の対応についての基本的な考え方（令和4年7月）」に照らし、最
　　も適切なものはどれか。

1）金融機関は、顧客企業にとって気候変動への対応は成長機会につな
　　がるものではなく、コスト負担や自社の評判・競争力の低下につな
　　がるリスクを伴うものであると認識したうえで、気候変動への対応
　　に関する顧客企業向け各種支援を行う必要がある。

2）金融機関自身における気候変動への対応は、顧客企業・産業の脱炭
　　素化に向けた支援といった金融仲介機能の発揮を目的として実施す
　　るものであり、金融機関自身のリスク管理を目的として実施するも
　　のではない。

3）環境対策への目線の高まりによる自社製品の需要減少、既存の生産
　　設備の早期償却、自然災害の激甚化による生産設備の毀損、防災対
　　策の増強による運営コストの増加は、いずれも気候変動に起因する
　　顧客企業の機会に該当する。

4）金融機関が同一のサプライチェーンまたは同一地域に属する企業群
　　に対して気候変動への対応支援を実施する際には、企業群の共通の
　　課題について俯瞰的に検討し、企業群全体に面的な支援を実施して
　　いくことが有効と考えられる。

・解説と解答・

1）不適切である。気候変動への対応は、顧客企業に機会とリスクの両方をも
　たらすものである。たとえば、脱炭素化に伴う世界の経済・産業・社会の
　構造転換が起こると、優れた脱炭素化・環境技術を有する企業は、消費者
　需要の変化等を機動的に捉え、自らの技術的な強みを生かし競争力を高め
　ることで、新しい市場や取引先の開拓等の成長機会につなげていくことが
　可能となる。他方、世界的に企業の気候変動への積極的な取組に対する期
　待・目線が高まるなか、企業の対処が遅れる場合には、当該企業の国際的
　な評判や競争力にも影響を及ぼすリスクがある（金融庁「金融機関におけ

る気候変動への対応についての基本的な考え方（令和4年7月）」Ⅱ）。

2）不適切である。金融機関における気候変動への対応は、顧客企業・産業の脱炭素化に向けた支援といった金融仲介機能に関する面と、金融機関自身のリスク管理に関する面の両面が存在する。顧客企業にとっての機会（リスク）は、金融機関にとっての機会（リスク）でもあり、金融機関が顧客企業の気候変動対応の支援を通じて、顧客企業の機会の獲得を後押しすることや、顧客企業の気候関連リスク（移行リスク及び物理的リスク）を低減させることが、金融機関自身にとっても機会の獲得と気候関連リスクの低減につながりえる（金融庁「金融機関における気候変動への対応についての基本的な考え方（令和4年7月）」Ⅰ）。

3）不適切である。本選択肢の内容は、いずれも気候変動に起因する顧客企業のリスクに該当する。事業の成長等につながる機会としては、排出削減に資する技術・製品・サービスの開発を通じた市場や取引先の開拓、自身のエネルギー利用の効率化や温室効果ガスの排出削減等を通じたコストの削減や固定資産の価値の上昇等に加え、従来市場価値が乏しいとみなされていた産品・資源等が、消費者の選好や市場環境の変化のなかで再評価され、新市場を見出すといった例もあるとされる。一方、リスクとしては、環境負荷への目線の高まりによる既存商品・サービスへの需要減少や既存の生産設備の早期償却、自然災害の激甚化や海水面の上昇等による生産設備の毀損、さらには、防災対策の増強等による運営コストの増加等も考えられる（金融庁「金融機関における気候変動への対応についての基本的な考え方（令和4年7月）」Ⅳ－1）。

4）適切である。サプライチェーンの中核企業のなかには、自らの気候変動対応を進めるために、サプライチェーン内の企業群全体の気候変動対応を促進・支援していく必要に迫られている企業も多く、また、同一地域内に広く関連する産業・企業等が所在しており、気候変動に関連する共通の課題を抱えている場合もある。金融機関がこうした同一または関連する産業・サプライチェーンに属する企業群や同一地域の企業群に対して支援を実施していくにあたっては、共通の課題について俯瞰的に検討し、企業群全体に面的な支援を実施していくことが有効と考えられる。例えば、地域全体として産業構造の転換を図る、エネルギー効率改善のためにサプライチェーン全体で業務プロセスを見直す、スケールメリットを享受するために低排出エネルギーの共同調達を行うなど、企業間の協働が有効となる場面で、金融機関が関与し、面的な支援を実施していくことが考えられる

（金融庁「金融機関における気候変動への対応についての基本的な考え方（令和4年7月）」Ⅳ－2－(3)）。

正解　4）

4−35　DXへの対応

《問》経済産業省「中堅・中小企業等向けデジタルガバナンス・コード実
　　践の手引き2.0」においては、中堅・中小企業等におけるDX（デジ
　　タル・トランスフォーメーション）の進め方として、「意思決定」
　　「全体構想・意識改革」「本格推進」「DX拡大・実現」の４つのプ
　　ロセスが示されている。この４つのプロセスにおける経営者の役割
　　に関する次の記述のうち、最も適切なものはどれか。
　1）「意思決定」のプロセスにおいて経営ビジョン・戦略を策定するこ
　　と、「全体構想・意識改革」のプロセスにおいて全社を巻き込んで
　　の変革準備を行うことは、いずれも経営者が担うべき役割である。
　2）「本格推進」のプロセスにおける経営者の役割は、社内でのデータ
　　分析・データ活用の前提となる業務の見直しやシステム構築を行う
　　ことである。
　3）「DX拡大・実現」のプロセスにおける経営者の役割は、社内のDX
　　推進体制を整備することであり、具体的には社内にDX推進部署ま
　　たはDX推進チームを設置し、必要な権限を付与することである。
　4）DX推進の各プロセスにおいて、DX推進担当者が技術面での支援
　　を期待して外部人材を活用することは有用であるが、経営者が役割
　　を果たすために外部人材を活用することについては、中堅・中小企
　　業の実情に適合しない提言につながるなどのデメリットが大きく、
　　推奨されていない。

・解説と解答・

　1）適切である。中堅・中小企業等においては、「意思決定」および「全体構
　　想・意識改革」のプロセスの担い手は、経営者とされている（経済産業省
　　「中堅・中小企業等向けデジタルガバナンス・コード実践の手引き2.0」
　　1.3.DXの進め方）。
　2）不適切である。「本格推進」のプロセスで行うべきことは、社内のデータ
　　を分析し、活用すること（業務プロセスの見直し、新たな価値を産むデー
　　タ活用やシステム構築）である。中堅・中小企業等においては、「本格推
　　進」のプロセスの担い手は、経営者ではなく、社内のDX推進担当者とさ
　　れている（経済産業省「中堅・中小企業等向けデジタルガバナンス・コー

ド実践の手引き2.0」1.3.DXの進め方）。

3）不適切である。DX推進チームを設置するなどの社内のDX推進体制の整備は、「意思決定」のプロセスにおける経営者の役割に該当する。「DX拡大・実現」のプロセスで行うべきことは、顧客接点（営業の場面等）やサプライチェーン全体へ変革の展開を行うこと（顧客に新たな価値を提供すること、大胆な投資・意思決定をすること）である。「DX拡大・実現」のプロセスの担い手は、経営者ではなく、社内のDX推進担当者とされている（経済産業省「中堅・中小企業等向けデジタルガバナンス・コード実践の手引き2.0」1.3.DXの進め方）。

4）不適切である。DX推進のすべてのプロセスにおいて、外部の視点を取り込むこと、外部人材を活用することは、経営者・DX推進担当者の双方にとって有用である。経済産業省「中堅・中小企業等向けデジタルガバナンス・コード実践の手引き2.0」1.4.DXの成功のポイントには、DX実現プロセス全般における成功ポイントとして、以下6項目が列記されている。

①気づき・きっかけと経営者のリーダーシップ

②まずは身近なところから

③外部の視点・デジタル人材の確保

④DXのプロセスを通じたビジネスモデルや組織文化の変革

⑤中長期的な取組の推進

⑥伴走支援の重要性と効果的な支援のポイント

上記の成功ポイントのうち、「③外部の視点・デジタル人材の確保」は、DXの進め方のすべてのプロセスにおける成功ポイントとされている。なお、経済産業省「中堅・中小企業等向けデジタルガバナンス・コード実践の手引き2.0（要約版）」には以下の通り記載されている。

＜DXの成功ポイント＞

③外部の視点・デジタル人材の確保

・日々発展するデジタル技術を経営の力にするためには、専門的な知見が必須

・取組を迅速に推進するため、外部の人材の力を活用しながら不足するスキルやノウハウを補う

正解　1）

《図表》DX実現に向けたプロセス（仮説：中堅・中小企業等版）

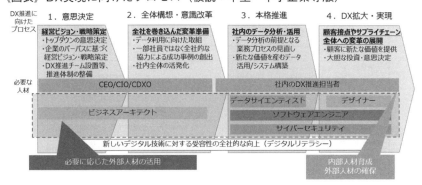

出典：経済産業省「中堅・中小企業等向けデジタルガバナンス・コード実践の手引き2.0
（2023年4月14日）」

2024年度 金融業務能力検定

等級	試験種目		受験予約開始日	配信開始日（通年実施）	受験手数料（税込）
IV	金融業務4級 実務コース		受付中	配信中	4,400 円
III	金融業務3級 預金コース		受付中	配信中	5,500 円
	金融業務3級 融資コース		受付中	配信中	5,500 円
	金融業務3級 法務コース		受付中	配信中	5,500 円
	金融業務3級 財務コース		受付中	配信中	5,500 円
	金融業務3級 税務コース		受付中	配信中	5,500 円
	金融業務3級 事業性評価コース		受付中	配信中	5,500 円
	金融業務3級 事業承継・M＆Aコース		受付中	配信中	5,500 円
	金融業務3級 リース取引コース		受付中	配信中	5,500 円
	金融業務3級 DX（デジタルトランスフォーメーション）コース		受付中	配信中	5,500 円
	金融業務3級 シニアライフ・相続コース		受付中	配信中	5,500 円
	金融業務3級 個人型DC（iDeCo）コース		受付中	配信中	5,500 円
	金融業務3級 シニア対応銀行実務コース		受付中	配信中	5,500 円
	金融業務3級 顧客本位の業務運営コース		－	上期配信	5,500 円
II	金融業務2級 預金コース		受付中	配信中	7,700 円
	金融業務2級 融資コース		受付中	配信中	7,700 円
	金融業務2級 法務コース		受付中	配信中	7,700 円
	金融業務2級 財務コース		受付中	配信中	7,700 円
	金融業務2級 税務コース		受付中	配信中	7,700 円
	金融業務2級 事業再生コース		受付中	配信中	11,000 円
	金融業務2級 事業承継・M＆Aコース		受付中	配信中	7,700 円
	金融業務2級 資産承継コース		受付中	配信中	7,700 円
	金融業務2級 ポートフォリオ・コンサルティングコース		受付中	配信中	7,700 円
	DCプランナー2級		受付中	配信中	7,700 円
I	DCプランナー1級（※）	A分野（年金・退職給付制度等）	受付中	配信中	5,500 円
		B分野（確定拠出年金制度）	受付中	配信中	5,500 円
		C分野（老後資産形成マネジメント）	受付中	配信中	5,500 円
－	コンプライアンス・オフィサー・銀行コース		受付中	配信中	5,500 円
	コンプライアンス・オフィサー・生命保険コース		受付中	配信中	5,500 円
	個人情報保護オフィサー・銀行コース		受付中	配信中	5,500 円
	個人情報保護オフィサー・生命保険コース		受付中	配信中	5,500 円
	マイナンバー保護オフィサー		受付中	配信中	5,500 円
	AML／CFTスタンダードコース		受付中	配信中	5,500 円

※ DCプランナー1級は、A分野・B分野・C分野の3つの試験すべてに合格した時点で、DCプランナー1級の合格者となります。

2024年度　サステナビリティ検定

等級	試験種目	受験予約 開始日	配信開始日 （通年実施）	受験手数料 （税込）
－	SDGs・ESGベーシック	受付中	配信中	4,400 円
－	サステナビリティ・オフィサー	受付中	配信中	6,050 円

2024年度版
金融業務3級　事業性評価コース試験問題集

2024年3月13日　第1刷発行

　　　　　　　編　者　一般社団法人　金融財政事情研究会
　　　　　　　　　　　　　　　　　　検定センター
　　　　　　発行者　　　　　　　　加藤　一浩

〒160-8519　東京都新宿区南元町19
発　行　所　一般社団法人 金融財政事情研究会
販　売　受　付　TEL 03(3358)2891　FAX 03(3358)0037
　　　　　　　URL https://www.kinzai.jp

**本書の内容に関するお問合せは、書籍名およびご連絡先を明記のう
え、FAXでお願いいたします。　　お問合せ先　FAX 03(3359)3343**
本書に訂正等がある場合には、下記ウェブサイトに掲載いたします。
https://www.kinzai.jp/seigo/

ISBN978-4-322-14411-6